ミネルヴァ世界史〈翻訳〉ライブラリー ③

宗教の世界史

ジョン・C・スーパー
ブライアン・K・ターリー 著
渡邊昭子 訳

ミネルヴァ書房

刊行にあたって

「これまでの世界史を刷新する必要がある」、「新しい世界史が求められている」と叫ばれてすでに久しい。ヨーロッパ中心的な発展段階の叙述でも、国民史の雑多な寄せ集めでもない世界史を構想するという課題は、「グローバル・ヒストリー」や「ビッグ・ヒストリー」といった新たな問題提起と対話しつつ、いまやそれをどのように書くか、具体的な叙述としていかに世に問うかという段階に至っている。

「ミネルヴァ世界史〈翻訳〉ライブラリー」は、そうした新しい世界史叙述の試みを、翻訳というかたちで日本語読者に紹介するものである。選書にあたっては、Oxford University Press社の New Oxford World History シリーズ、Routledge 社の Themes in World History シリーズに収められたものを中心に、それ以外からも広く優れたものを収めることを目指した。

ここに紹介する書籍が、日本語での世界史叙述の刷新に少しでも寄与することを願っている。

二〇二一年一〇月

監修　南塚信吾
　　　秋山晋吾

はじめに

この本では宗教と歴史の関係を探究する。つまり、人類が経験した文化と政治の領域において、宗教がどのように現れるのかを検討する。歴史家としてアプローチするのだが、アーノルド・トインビーが『一歴史家の宗教観』（一九五六年）で取り上げた方法とは異なる。本書では、宗教や、宗教に関連する神学と哲学の問題や宗教そのものよりも容易に観察できる、歴史への宗教の表出に関心を向ける。宗教は帆船に似ていて、風を斜めに受けて、過去のページの間を前進したり後退したりする。竜骨と底荷は隠れていて、帆柱やロープ、そして帆はみることができる。そのすべてが重要だが、ここで関心を向けるのは帆柱などの装備と帆のバランスであり、その船がどのように後退したり前進したりするかなのである。

この本は総合的な性格をもつため、きわめて多くの著作から恩恵を受けている。参考文献目録は、宗教が過去と現在にどう影響を与えたのかを研究するのに利用できる著作が大量にあることを示しているにすぎない。具体的には、この本の構想と視野に関して提案をくれたピーター・スターンズに謝意を表したい。また、原稿全体にわたって価値ある助言をくれたジェラルド・マクダーモットとティボル・ポルツィオー、美術の章にいろいろな提案をしてくれたベルナルド・シュルツ、編集を支えてくれたアン・ターリーにも謝意を表したい。「帝国的な聖なる交わり」という着想については、キューバのハバナで、この本のテーマと主張をめぐってパブで論じながら長い夕べを一緒に過ごしたウェストヴァージニア大学法学部の学生たちに感謝する。「帝国的」という言葉は、広範囲に及び、力強く、そして付随する階層と構造を含み込むような何かを示唆する。「聖なる交わり」は、人々を究極的に動かすものと人々との聖なる関係を表している。「帝国的な聖なる交わり」の持続性については、宗教と歴史が示してくれている。

宗教の世界史　目次

《翻訳にあたって》

訳出にあたっては、地名・人名・事項表記は基本的に『角川　世界史事典』（二〇〇一年）によった。アメリカ合衆国については、原著での表現を踏襲して、基本的に「合衆国」と表記した。「アメリカ」についても原著での表現に従った。地理的に南北アメリカの全体や一部、あるいはアメリカ合衆国を指している場合もある。イングランド王国、ならびにその後の連合王国は「イギリス」と表記した。本文中の（　）は、著者によるもので、原注は（1）などと表し、各章末に置いた。また訳者の補足的説明は〔　〕に入れた。

第1章　宗教の言語

私は神の存在を証明することが不可能だと信じていたが（カントは証明できないことを示し、私はそれをよく理解した）、いまだに神を求めていて、発見しなければならないと思っていた。しかも、探したがみつからなかったそれに向けて、古い習慣に従って祈りを捧げていた。(1)

一八七〇年代、レフ・トルストイは『懺悔』でこう書いた。自分の生きる意味を求めて苦しみ悩んだ末での説明であり、この本を始めるにあたってふさわしいものである。信者であれ信じていない者であれ、トルストイと同様に、たいていの人は宗教を理解しようと努力する。それは、人間集団や共同体や国民の振る舞い方に宗教が影響しているという感覚や意識から生じるのかもしれないし、現代の課題についての倫理的な問題や、トルストイの場合のように、まったく意味を失った人生にどう意味をみつけるかという個人的な関心から生じるのかもしれない。加えて、チベットを解放しようとするダライラマの努力や、中東の政治へのイスラム教の影響のように、最近の国際問題への宗教の影響も、たいていの人はある程度意識している。歴史についてみるならば、あまりしっかりとした証拠を思いつかないとしても、インドや中国などの文明の興隆から南北アメリカの植民地化に至るまで、宗教があらゆる点に影響したことは一般に同意されるだろう。

宗教についての一般的な理解を乗り越えて、その重要性をより深く評価しようとする場合、用語、世界観、解釈など、様々な恐ろしい障害と出合うことになる。宗教の研究は、現象学、教会学、伝道学、神学に含まれるし、人類学、社会学、哲学の一種でもあり、それらが迷路のように複雑に絡まっている。宗教史は、これらの学問分野すべてに依拠しながら、宗教がどのように過去に影響を与えてきたのかを理解しようとする。

本章は二つの点で宗教研究の導入部分となる。第一に、宗教史を説明するのに助けとなるいくつかの基本用語と概念を定義する。第二に、宗教全体の意味をまとめようとしてここ二〇〇年の間に提供されてきたいくつかの解釈を示す。このような予備知識があれば、読者はこれに続く章を理解する準備が整うし、さらに進んで、自分の関心を探求する準備も整うだろう。

◈宗教

はるか過去から宗教が私たちの精神と感情をつくる一部だったということは、残された証拠が明らかにしている。宗教を信じない者も、ホモ・レリギオースス、すなわち宗教的人間という用語が人間の経験を適切に表していることには、普通同意する。男性も女性も本来は宗教的である。そして、一八世紀以降、多くの社会運動や政治運動が宗教を消し去ろうとしたが、そのような努力は成功しなかった。それは結局のところ、家族を党におき換えたり、友情をイデオロギーにおき換えたりする努力と同じくらい、ひどく失敗するのである。

宗教は、人間としての私たちの経験にとって、なぜそのように重要なのか。理由がはっきりしているわけではないが、私たちを超えるものへと導かれるような霊的傾向をもって生まれるよう、脳の心理が配列されているという説明もある。宗教は私たちの体のなかにあるという人もいる。文字どおりの意味で、私たちの脳の配線と、臓器の作用と、感覚の機能によって、霊的な旅に向かうよう導かれる、いや、強制されるというのである。

この主張を支えるのは、宗教が人生の困難に立ち向かう助けになるという認識である。私たちはみな悩み苦しむのであり、たいていの宗教は、悩みと苦しみに対処する多くの方法を提供してくれる。宗教は、意識を別のレベルへと導き、自分自身よりもっと偉大でもっと意味のあるものの一部になる機会を与えてくれるという主張もある。言い換えるならば、宗教がないと私たちは満ち足りないか、あるいは、人間としての真の能力を発揮できない。

これらの考えによれば、宗教を定義するのは簡単だろう。宗教は、信仰、儀礼、実践の体系であり、何らかのかたちで制度化されていて、この世界とそれを超えたものを結びつけているものである。それは、神や、あるいは、この世界を超越しながらも包み込んでいる普遍的な生命の力に人間がアプローチできるような橋を提供する。一方、より精緻な定義では、神話や語りの次元から、社会的で物質的な次元まで広げて宗教は論じられる[2]。

単純な定義でも複雑な定義でも、ささいな難くせをつける余地はたくさん残っていて、神学者と哲学者は各時代を通じて実際にそうしてきた。神とは何か、そして、神の実在（あるいはそのような信念）は宗教に必要なのか。宗教には救済論の要素が必要なのか。贖罪と永遠に救われるための方法を提供しなければならないのか。奇跡は宗教にとって不可欠なのか。これらの答えによっては、儒教を本書の対象から除外することもありうる。儒教は振る舞いと倫理の体系であり、来世よりも現世を伝統的に重視するのだから。ありえないことだと思えるかもしれないが、仏教を世界宗教のリストから外すことも可能である。なぜなら、他の宗教には本質的な要素である救済論と奇跡の要素をもたないからである。

そうすると、別のアプローチをとって、神ではなく聖なるものに重点をおく方がいいかもしれない。社会学の創始者の一人であるエミール・デュルケム（一八五八〜一九一七）は、基本的な導入として次のように記している。

宗教とは、聖なるものに、つまり、区別されて禁じられたものに関連する、信仰と実践の統合された体系である。信仰と実践は、教会と呼ばれるものとそれに固執する人々を一つの道徳的共同体へと結びつけているものである。(3)

この定義によれば、聖なるものの諸要素が宗教に実質を与えていて、その諸要素は多くの姿とかたちをとりうる。

この議論は、宗教がまさに社会の基盤であることを主張する。ある社会の「集団意識」は、その社会が大切にしているシンボルや思考から浮かび上がってくる。そして、それらのうちで最も重要なのは、宗教的なものである。それは社会が聖と俗を分ける方法を表す。神に属する、つまり聖なるものを、神の領域の外にある俗なるものから遠ざけておくためのシンボルと儀礼によって、社会は二分される。このすべては構造主義と呼ばれる人類学の一派と共通していて、人間の経験のなかに先天的に二分法が備わっているという信念に基づいている。それがあてはめられると、温と冷、上と下、生と加熱されたもの、聖と俗などは、普遍的な基本的性質となる。

精神分析の創始者であるジークムント・フロイト（一八五六～一九三八）は、聖なるものよりも現実の認識に関心を向けた。フロイトにとって「宗教は、外的な（あるいは内的な）事実や状況についての教義や断定から構成され、その教義や断定は、ある人が自分で発見しなかった何かについて教えて、それを信じるように求める」[4]。『ある錯覚の未来』（一九二七年）においてフロイトは、宗教というものは人類の深い心理的な要求によってつくり出された錯覚であり、人間がおかれた状態への根本的な苦悩という痛みを緩和するために、人が神のような像をつくり出そうとしたものだと論じた。はじめは父親がこの慰めを与えるが、子どもが大人へと成長すると、父親の代わりとなって同様の秩序と安全を与えてくれるものが必要になり、そのために、不確実な世界で安全の基盤を提供する永遠の父という概念が必要となった。宗教は、幸福な生活と永遠の生という錯覚のなかでの願望の実現なのである。

宗教の定義は、常にというわけではないが普通、聖なる言葉、あるいは、神に関連する言葉で表される。エスポジトらは、世界の宗教の複雑さを際立ってうまく概観した本のなかで、ラテン語のレリガーレ〔religion の語源で「結ぶ」「縛りつける」という意味〕という言葉から、宗教についての考えを次のように述べた。宗教は「私たちの運命を支配していると信じる何らかの力への義務的関係によって『縛られている』という感覚を表現する。この力は自然のものでも超自然的なものでも、人格をもっていてもいなくても、一つでも多数でもよい[5]」。これは、プロテスタントの神学者パウル・ティリッヒ（一八八六～一九六五）による現在では古典となった定義に基づいている。「宗教とは、究極的関心事によってとらえられている存在状態である。その関心事は、他のすべての関心事を予備的なものにする。そして、それ自体が私たちの人生の意味についての問いに対する答えを含んでいる[6]」。

究極的関心事は、神に取って代わるものにもなる。そういう意味で、人生の意味についての包括的な問題に関心をもって、何らかのより大きな神学あるいは哲学の体系のなかで答えを探すならば、多くの人は、無神論者でさえも宗教的なのである。これゆえに、政治イデオロギーはもちろん、美学さえもが宗教になるのだろうか。答えはおぼつかない。例えば、一九～二〇世紀のナショナリズムの動きの多くは、それに従う者たちに人生の深遠な問題への答えを提供するように思われた。「市民宗教」の概念がこの点を明らかにする助けとなる。市民宗教は、聖なるものを操作して共同体と国家利益に役立たせる。合衆国では「忠誠の誓い」とそこでの「万民のための自由と正義を備えた、分割不可能で、神の下にある一つの国民」という祈願（一九五二～六〇年にドワイト・アイゼンハワー大統領の下で加えられた）が市民宗教の好例である。結局のところ、ウィルフレッド・キャントウェル・スミスによる次の言葉に最も賛成できるかもしれない。「宗教の定義を列挙すれば長くなる。定義の失敗例も同じように長大なものになる。宗教の本質は、とらえどころがないことである」(7)。

◆イズム

世界の大きな宗教は、多くが有神論《テイズム》（一神教《モノテイズム》、多神教《ポリテイズム》、汎神論《パンテイズム》）あるいは一元論《モノイズム》のカテゴリーに属する。一神教は、中東、ヨーロッパ、そして南北アメリカの多くで優勢であり、そこではキリスト教、ユダヤ教、そしてイスラム教が三つの主要な一神教である。いずれも一つの創造者、一つの絶対的な神を信じ、その神は、この世界とは異なる別のものであるとともに、この世界の一部でもある。創造者は普遍的な力であり、そこにあるものすべてに生命を吹き込む。全能で、公正で、慈愛に満ちた創造主は、他と異なる独立した存在であり、すべての人を気にかけ、意味のある人生に必要な霊的な栄養を与えてくれる。同時に、この創造者は要求が厳しく、信徒に対して振る舞いの基準となる規則に従うよう求める。一神教とは対照的に、多神教では多くの神を信じ、古代ギリシアやヒンドゥー教の神々のように、力と重要性の序列は様々に変わりうる。

さらに汎神論は、何が神であり何がそうでないのかの区別があいまいである。言い換えれば、神は超越的でありながらも内在的であり、この世の一部でありながらも来世のものでもある。一元論は、特定の方法で見分けたり指し示したりできる一つの神ではなく、宇宙のすべての下にある一つの中心的な本質を信じる。そこでは、普遍的な生命の力との結合が宗教の目的となる。これはヒンドゥー教でのブラフマン、つまり宇宙の絶対的現実であるだろうし、仏教では涅槃、つまり人間の意識が究極のものを制限なく経験できる状態である。生命の力がすべてであり、発見され、共有され、生きられるよう準備されているだけなのである。これは、人間の理解を超えたところにある一神教の超越的な神とは鋭い対照をなしている。

◆公式宗教と民間宗教

宗教の本質がとらえどころのないままであっても、歴史家は、普通に宗教と呼ばれている信仰の制度ならびに実践について、区分けする必要がある。一つの区別として、公的で組織化された宗教と民間宗教という対比がある。人類学者のロバート・レッドフィールドは、「大伝統」と「小伝統」という用語を提示してこの二つを区別する。前者は神学者、修道院、そして聖典の権力と権威を基にし、後者は一般人の生活から流れ出てくるという。この区別は過去にもはっきりせず、現在もあいまいなままである。ニューメキシコの「ペニテンテ」たちは、聖フランシスコにならって聖週間に自分をむち打つが、公式の教会と非公式の教会のどちらに属するのだろうか。実際のところ、どちらでもある。

民間宗教は、以前の宗教に由来したり、公式宗教の延長線上にある振る舞いの濃淡を表現する。そして、まじないを使う魔女や呪術師がいるが、公式のキリスト教にも同様に、キリストが悪魔を追い払ったことに由来する悪魔払いの慣行がある。予言の慣行や食べ物のタブー、そして場所と物がもつ奇跡の力なども、民間宗教の対象である。それは制度化された宗教と共存する場合も、制度化された宗教に異議を申し立てる場合もあり、歴史の状況が許せば、民間宗教の指導者が立ち上がって、強力な政治勢力となる場合もある。このような個々人には、以後の章でも関心を向けていく。

◆呪術

宗教の定義のなかに、呪術やシャーマニズムが占める場はあるのだろうか。あるといえばあるし、ないといえばない。呪術は宗教の「原初的」形態で、世界の主要な宗教が発展するにつれて影響力を失ったというのが旧来の研究者の解釈だった。呪術は一七～一八世紀に知性と科学の転換が起こるまで生き続けたが、合理主義によってついに周縁に追いやられた。近代の宗教儀礼は、呪術的な要素をもつ実践や信仰を含むかもしれないが、両者には違いがある。

呪術は、物や霊を直接的に制御して、身体的もしくは感情的な満足を高めたり、また「黒魔術」の一類型のように苦痛や害を引き起こしたりする。近代の宗教では、敵に対する勝利などの結果を得るために神のとりなしを願って祈るが、呪術師が自然や霊を動かすのとは違って、神を統制することができないことは理解されている。もう一つの違いは、呪術が一般に、組織された宗教の外側や、しばしば社会の外側で作動することである。言い換えれば呪術は、邪視を向けるなどのよく行われるような民間宗教の一表現であるが、公式の宗教の環境には受け入れられない。すべての宗教を呪術の一形態だとあざける人々の批判にもかかわらず、これらの違いは重要であり、ほとんどの宗教の神学者が呪術を非難する理由の説明になる。

シャーマンの場合、第一の目的は、超自然的な力に影響を与えることである。シャーマンは、世界中のどこでもみつけることができ、驚くほどの多様な知識や技術を使って隠れた力とつながろうとする。例えばシャーマンは、降霊術によって、祖先や神話に登場する者の霊と接するための媒体の役割を果たす。それらは地上の問題に直接に介入する。シャーマンはまた、トランス状態や霊が憑依する状態をもたらす力をもっている。どちらも意識の変化した形態だが、二つの間には原因と文化的意味で違いがある。例えばトランスでは、特別な身体的な力や心理的な力が解放されて、それがトランス状態に至った者の振る舞いに作用する。一方で憑依は、文字どおり、外部の力がある個人にのりうってコントロールすることを意味する。シャーマニズムは、一個人や小集団を超えて、社会的文化的な振る舞いをつなぎ止める信仰の制度である。シャーマンは、共同体のなかで力と敬意を得ていれば、呪術師や魔女以上に、宗教と国家に対する異議申し立てを行いうる。シャーマン間の対立や公式の組織との対立は、今日の世界の各所で続いている。

◆セクト

セクトを定義するには独自の問題がある。「セクト」という用語は、社会秩序を統制したり潜在的に脅かしたりするような、否定的な意味を含む。そのため、この用語を避けて、「新宗教運動」や「オルターナティヴな宗教運動」という言葉を好む研究者もいる。だが、問題があるにもかかわらず、この用語は便利である。第一に、この用語は、制度化された大きな集団から分離した指導者による、霊的なメッセージを支持する集団を指して使われる。ナザレのイエスはあるセクトの指導者としてみることができるだろうし、マルティン・ルターもそうである。この二人が他の多くのセクト指導者と違うところは、長く続く宗教をつくり出し、そこでセクトが正統な信仰となったことである。

セクトの指導者は、自分を今の世界から切り離して別の社会をつくり出し、そこで信者が必要とするすべてのものを養い育てる。セクトの指導者は、二〇世紀末にはグルや導師とも呼ばれるようになった。なかには、絶対的な統制力を得るために、巧みな心理学的な技法を使って個人の人格を壊し、セクトに完全に依存しなければ幸福感を得られないように人格をつくり直そうとする者もいる。指導者がこのような統制力をもつ場合、セクトは破壊的な暴力を使う可能性もある。

セクトの指導者は、自分には預言者や救世主のような力があると称する。ユダヤ教・キリスト教的伝統のなかで、預言者は未来を予想し、より重要なこととして救世主の到来を告げる。歴史上、千年王国説では、預言者や救世主が地上の天国を準備しているところだと信じた。この運動に参加した人は、黙示録のように、世界が危機の時代にあり、現在知られている時代の終末へ向かうとみる。黙示録は、より正確にいうと特別な知識の開示を指すが、普通はもっとゆるい意味で使われて、宗教に影響されて起こりうる根本的な変化を描く。セクトの指導者はこのような環境のなかで育まれる。

「セクト」を他の用語と同じように使うのは注意が必要である。それは明らかにするべきことを歪めうる。二〇〇四年においてすら、西洋のメディアはシーア派をセクトとして話すこともあったが、一五〇〇年も存続してきて数百万人を従える宗教を指すには非常に誤解を招く用語である。まるで聖公会をローマ・カトリックのセクトと呼ぶようなものである。

◆ヌミノーゼ

宗教行為の様々な表現を整合させるのに役立つ概念にヌミノーゼがある。ヌミノーゼとは、ルドルフ・オットー（一八六九〜一九三七）による造語であり、宗教の底にある本質を言い表している。ヌミノーゼは、個人を超えた独自のものとして存在する聖性あるいは神性を強調し、そのために、善を超えていて単純化できない性質をもつ「外的」なものを必要とする。宗教が、単なる儀礼や倫理規範というだけでなく宗教であるためには、人間を超えた何かをもち、それが崇拝される必要がある。

ヌミノーゼの基盤となるのは「恐れを引き起こす神秘」である。この「神秘」は、知っていてもみることはできず、経験できても検証はできない。知られていないことを確かに体験したと神秘主義者にはわかるが、知られていないことは知られているものの言葉に還元することはできない。「恐れを引き起こす」とは、畏怖と恐怖が混ざっていて、芸術や音楽で他に並ぶもののないような作品をつくったり、恐ろしい暴力行為や政治的破壊を引き起こしたりするよう信者を駆り立てる力をもつことを意味する。「恐れを引き起こす神秘」のなかには、荘厳さと恐怖と切迫した主張が内在し、そのすべては存在の最も深いレベルで機能して、克服できないものを克服するよう個人を押し動かす。

一般に対立するものとして表されるいくつかの概念を使えば、ヌミノーゼの意味がわかりやすくなる。つまり、聖と俗、宗教と世俗、神話（ミュトス）と理性（ロゴス）である。いずれも、物質的で測定可能であるものが優位を占めるこの世界と、不可視で神秘的だがそれにもかかわらず存在する別の世界との間の違いを強調する。

これらの概念のなかでも、神話は、宗教と歴史を学び始める人にとって最も難しい概念だろう。神話は、寓話やおとぎ話など、非日常的でつくり物だとわかっている物語と混同されやすい。神話は、生と死や、現世と来世の生について共同体が信じていることの核心を語るという点で、歴史に近いものとして叙述される。神話のなかには、起源、権力、理想、方向、そして存在理由などの問いに対する答えがみつけられる。人類の究極的な運命を説明する場合、神話は黙示録のような用語を使う。そこでは最後の戦いで善の意志が悪に勝って、信者は天国での永遠の生を褒賞として与えられるだろう。それを受け入れる共同体にとっては、ヌミノーゼの証明となるような偉大な真実を与えてくれる。

それと対照的に、理性は、合理的で計算可能で客観的な精神の性質について示す。理性は証拠を測ってから均整のとれた答えに達しようとする。それは観察できるものか、少なくとも学問研究で検証できるものに限られる。一八世紀から理性が優勢になるにつれて、神話は基盤を失っていった。科学や、世俗化に含まれる諸傾向が複合して、少なくとも西洋では神話が押し潰された。

神話と理性、聖と俗、そして宗教と世俗などの間にある違いは、ヨーロッパとアメリカでは便利な分析道具である。だが、その価値にもかかわらず、歴史を明確に二分するきっちりした範疇のように考えるべきではない。他の諸文化では二つの間に堅固な区別を設けないし、宗教のための言葉をもたない、つまりすべてが聖であることを含意するという場合もある。

◆いくつかのアプローチ

宗教研究で最もよく知られたアプローチは神学だろう。最も一般的な意味で、神学は、神や神々についての議論を意味する。起源である古代ローマでは、神を論じるときにホメロスなどの詩人が神学者として言及され、当初から神学は、神の研究と、神と人間の関係の研究を意味してきた。人間が各自の霊的運命と折り合いをつける方法が、神学の基本的な関心である。これは、アジアの諸宗教よりも、キリスト教、ユダヤ教、そしてイスラム教に適した学問である。この世と別の世界の区別が著しく明確なところでは、神と、個人が神に接近できる方法を理解する神学的な試みがより多く必要になる。

多くの関連分野の助けを借りれば、神学を精緻化することができる。いくつかの例をあげれば十分だろう。キリスト教徒にとって、キリスト研究は本質的に重要である。他の宗教でも開祖や重要人物の研究を行う下位分野があるが、キリスト研究ほどの困難に直面することはない。なぜなら、キリスト教ではキリストが神だと主張するからである。エクレジオロジー、つまり教会学は、集まりというギリシア語の単語から派生し、キリストが地上に存在し続けていることを表現する。それは、初期キリスト教の小さな共同体から、今あるキリスト教の地球規模の組織と官僚的な制度に至るまでの、教会とその多くの表現を研究する。

キリスト研究と教会学が、普通は神学校や大学の壁のなかに限られてきたのに対して、伝道学は最初からそれを超えて進むことを目指した。キリスト教会での「伝道」とは、「ことば」つまり福音の光を、信者と非信者に広めることを意味する。伝道は歴史のなかに多様なかたちで現れた。十字軍あるいは南北アメリカの霊的な征服のように、攻撃的かつ好戦的に他者の信仰へ侵入したこともある。一方、二〇世紀の伝道に共通するのは、他者を穏やかに導き、医療と教育の面で世話をすることである。二一世紀において、キリスト教の伝道は、いまだに改宗という伝統的な目的があるとはいえ、すべての人がよりよい生活を送れるような価値観を広めて共同体を築くことにも努めている。産業による破壊から環境を守り、個々人の強欲や腐敗から産業を守るためにキリスト教の価値観を用いることが、伝道学の思考の一部を占めるようになった。

ムスリムの世界では、よく似た役割が、『クルアーン』ならびに初期イスラム教と関連する法と伝統を解釈するウラマーに求められる。ウラマーとは神学者かつ法学者で、信者に道を描き示す専門家である。ユダヤ教の世界では、ラビがトーラーとタルムード〔律法とその注解の集成〕を解釈する。ヒンドゥー教では、ブラーフマナが同じことを行い、神の性質を説明して儀礼が適切に維持されるようにする。これらの人々による神学上の問いと答えが神学校と宗教施設の外へ広がって、人間行動のより広いパターンに影響する場合には、この本の話にとって重要となる。

哲学でのアプローチは、神学でのアプローチと重なることも多いが、一般的に、神と個人の関係よりも、神と宗教を解釈して定義するという絶対的な問題にもっと関心を向ける。儀礼と救済の問題よりも、何をどのように知ることができるのかを検討する。一六世紀から一七世紀にかけて、哲学での問いは神学の問いから離れ、宗教をその本質へと、つまり、「それがなければ存在しない」核心へ還元しようと試みるまでになった。すべての文化に何らかの宗教的な信仰と実践の形態があることから、この核心を探究するなかで、宗教が人間にとって自然なものであることが発見された。この自然宗教がすべての人にあるので、自分自身を超えて未来を思い描き、他者の困難に手を貸すよう駆り立てられる。それは社会のなかで善と悪を定める基盤となり、近代の倫理体系のための基盤となる。このような推論は美を定める領域へも広げられ、宗教が美学の体系を支えているという思索も導かれる。

また別の哲学潮流では、宇宙があまりにも秩序立っているがゆえに、神はその現実の一部に違いないと提案する。哲学者は、神を時計職人のように想像し、宇宙を時計のように想像した。神がいったん時計をつくって据えたならば、その横にいて直接に介入しないで歴史が進むにまかせるというのである。このような哲学者は理神論者として知られる。スコットランドの哲学者デヴィッド・ヒューム（一七一一～七六）は『奇跡について』（一七四八年）で、奇跡、つまり自然の秩序への神の介入は証明できないと論じ、理神論者を支持した。

哲学での探究は一九世紀も続き、「高等批評」として知られる知的運動を生み出した。高等批評はドイツの大学で広がり、特定の時と場所に生きて、その環境によって条件づけられた人間が『聖書』を書いたと主張した。つまり、神が『聖書』を書いたのではなく、人間が書いたというのである。ダーフィト・フリードリヒ・シュトラウス（一八〇八～七四）の『イエスの生涯――批判的検討』（一八三五年）は特に影響力のある本だった。それは『聖書』の物語が神話であり、歴史上の現実ではないことを示した。シュトラウスは宗教を捨て去ろうとしたのではなく、それを近代の文脈に入れ直したのである。宗教にさらに過酷な試練を与えることになったのが自然科学の興隆だった。チャールズ・ダーウィン（一八〇九〜八二）の『種の起源』（一八五九年）は最も重要である。それは、創世記の記述にあるように、創造された、恒常的で不変の世界という概念を粉砕した。

現象学は宗教研究にとって力強い後押しとなった。宗教について一般に可視的で顕在的なものを強調することで、神学と哲学での記述上の限界を越えさせたのである。それは一九世紀末に発展して、二〇世紀に有力な学問分野になった。現象学は、絶対者や起源の問題よりも、宗教が自分を表現する方法に関心を向ける。それは、宗教を説明する唯一の根本的な鍵を探すことよりも、宗教が採る多くの異なる形態を検討する。

宗教での信仰、儀礼、組織はすべて具体的で観察可能な現象であり、現象学の対象となる。これらの現象の文化的表現と、それらが社会とどう作用しあうのかが、研究計画の指針となる。それによって現象学は、宗教の歴史と比較研究のための完璧な道具となった。宗教は哲学と神学の領域を越えて、観察できる「事実」に基礎をおくことができた。深遠な内的感覚ではなく、宗教意識の外面的なしるしが注目されることになる。どちらの分析形態にも価値はある。本書では第一に後者に関心をおく。

宗教の比較研究は、おもに現象学に依拠して、宗教間の類似性と相違点を理解しようとする。比較によるアプローチは、自分たちの宗教が唯一の正しい宗教だと主張する人々から強い支持を得た。キリスト教研究者にとっては、自分の優越性を示すための道具となるので、特に比較の方法が有益にみえた。イエス・キリストのなかに神が受肉して、死んで復活したことは、キリスト教が唯一の真の宗教だという普遍的な主張を明白に証明するものだからである。キリスト教のなかでは、ローマ・カトリック教会による「唯一の、神聖で、普遍的で、使徒の教会」との主張が、普遍性の主張において他を凌駕している。

二〇世紀末になって、このような主張から距離をおく動きが現れ（普遍性を主張し続けている多くの宗教的分派はあるけれども）、他の宗教の有効性を認めることが増えてきている。このような考えを支持する人々は、文化横断的で他の宗教と矛盾しない信仰と儀礼を強調する。これは比較研究から得られる恩恵の一つである。

◈歴史からの説明

一八世紀のヨーロッパでは、宗教ならびに哲学の諸基盤のなかに多くの亀裂が現れ始めた。啓蒙思想は、問題を解くのに合理的な思考を、知識を発展させるために実験を、そして、世界についての信仰を検証するために証拠を重視した。経験論として知られるこのアプローチは、感じられるものよりも、目でみて計測できるものに重点をおいた。先ほど奇跡についての著作のところで言及したヒュームは、『自然宗教に関する対話』（一七五〇年代に書かれたが一七七九年に出版された）でこの問題を進めて、神の概念を支えるような科学的証拠はないと論じた。特に、秩序のある宇宙が存在するからといって、あるいはすべての社会に宗教があるからといって、神が存在するとはいえないと論じた。同時に、神が存在しないことも証明できないという。どちらの事例を証明するにも証拠が不十分なのである。

このような知的発酵のなかから、宗教と歴史上の変化についての諸理論が現れた。それは近代世界を理解するのに基本的なものである。宗教についてのカール・マルクス（一八一八～八三）の考えはよく知られている。宗教が「民衆のアヘン」だという広く繰り返されてきたフレーズは、一九世紀の宗教批判の核心である。宗教は、プロレタリアートを操作して管理する社会機構がつくり出したものである。だがそれは資本主義の抑圧的な社会構造にうまく対応して浸透した。資本主義がなければ宗教も必要なくなる。人間は人間のことに専心して、宗教という誤った希望から自由になって、資本主義が生み出した疎外に打ち勝たねばならない。ここでマルクスは、人間の欲求を「放出したもの」が宗教だというルートヴィヒ・フォイエルバッハ（一八〇四～七二）による考えを取り入れた。人間が神をつくり出したのであり、その逆ではない。神は人間の外側にあるのでなく、神は人であり、自分自身につくり出したものなのである。「錯覚の幸福としての宗教は、人々の真の幸福のために廃止される必要がある」(8)という信念はここから導き出された。

マルクスの知のパートナーであるフリードリヒ・エンゲルスも同じことを述べた。「ところで、いっさいの宗教は、人間の日常生活を支配する外的な諸力が、人間の頭のなかに空想的に反映されたものにほかならないのであって、この反映のなかでは、地上の諸力が天上の諸力の形態をとるのである」(9)。ウラジーミル・レーニン（一八七〇～一九二四）は、この考えを次の論理的段階へと進めて、宗教を破壊するための政治構造を創り出した。レーニンにとって、そしてレーニンをイデオロギーの指導者とみる数千の革命家にとって、国家は宗教を破壊して新しい社会秩序をつくる段階に踏み込まねばならなかった。マルクス、エンゲルス、レーニンは、同じテーマでの変奏を提供した。宗教は現実にある何かではなく、欠乏と錯覚のうえに建てられた構築物であり、そのようなものとして打ち勝つことができるものであり、打ち勝たねばならないものである。

もう一つのよく知られている解釈は、一九〇四年から一九〇五年にかけて出版されたマックス・ヴェーバー（一八六四〜一九二〇）の『プロテスタンティズムの倫理と資本主義の精神』である。ヴェーバーの著作は、一六世紀のヨーロッパで資本主義が興隆した原因を説明するものとしてしばしば紹介される。しかし、ヴェーバーは、台頭する商工業の中産階級が、プロテスタンティズムという新たな倫理をなぜ魅力的に感じたのかを説明したかったのだ。ヴェーバーの言葉によれば、「外面的には利潤獲得だけに向けられているような活動を、個人が倫理的な義務だと意識するような召命として説明できるようになった思考の背景は何か」なのである。[10] それ以前の人々が利潤追求をしなかったというのではない。だが、一六世紀の宗教環境は、富への欲望を非難せず、むしろ許した。エネルギーと規律と推進力に満ちた最初の世代のプロテスタントは、特にジャン・カルヴァンの新しい理論に魅力を感じた。カルヴァンは、個人の運命が永遠に定められているという無条件の予定説を信じた。信者は、勤勉に働いて成果をあげることによって、エリートである選ばれた集団に属していることを示すくらいしかできない。地上での人生は短い。心や精神のつまらない問題に関わると、本当の手仕事から気がそらされ、それは神に選ばれた者ではないことを示唆した。ヴェーバーは次のように書いている。

カルヴァン派の神が信者に求めたのは、一つのよい労働ではなく、統一された体系のなかに組み込まれた、よい労働からなる一生である。ここに、罪、悔恨、償い、解放、新たな罪という非常に人間的でカトリック的な循環が入る余地はない。また、現世の罰や教会の恩恵によって調節されて、一生の全体として功徳の帳尻が合わせられるような余地もなかった。(11)

ヴェーバーによれば、北米植民地のピューリタンは労働に喜びを感じ、自分の基準に沿わない者を非難した。ルターの教えの根本にある「召命」への信仰では、生きている間は身分を全うするという道徳的義務がすべての人に同様に求められる。一七世紀に召命の思想が発展するにつれて禁欲が導き出され、怠惰は脅威となった。結局のところ、ヴェーバーの分析では、社会的な振る舞いに影響を与えるものとして、物質的なものに比して霊的なものの重要性が強調された。

ヴェーバーはより広く宗教に関心を向け、それは歴史の研究に影響を与えた。歴史に影響を与える潜在能力をもつ最も強力な個人の性質として「カリスマ」という概念を選んだ。カリスマとは、ほとんど超自然的といえる例外的な性質であり、ある人を他の人々から区別して、他の人々に訴えかけたり説得したりする特別な力をその人に与える。多くの者が注記してきたように、個人のカリスマは、この個人に応える聴衆の力との相互作用で考えることが重要である。この相互作用の性質こそが、カリスマを、宗教と歴史を理解するための有用な概念としている。

二〇世紀に、ヴェーバーやその他の宗教理論家は強力な影響を保ち続けた。その影響は宗教の研究に蓄積されたけれども、他のいろいろな力が宗教の地位を崩していき、歴史研究の周縁へと追いやった。世界のいずれかの歴史教科書を取り上げて、宗教についてのよい分析を探してみても、がっかりすることになるだろう。

◆世俗主義

ゲリー・ウィルズは『神の下に――宗教とアメリカの政治』（一九九〇年）で、合衆国の歴史学に価値ある貢献をした。ヘンリー・スティール・コマジャーとアーサー・シュレジンジャー・ジュニアという最も広く認められている二人の歴史家が、実際的、実用的、相対的、そして物質的だとアメリカ社会を描いたのは誤っていると非難したのである。シュレジンジャーについて、「この歴史家にとっては多くのアメリカ史が存在していない」とウィルズはいう[12]。なぜそのようになったのかという説明を与えてくれるのが、世俗化である。

世俗化は西洋での「非聖化」、つまり、宗教、儀礼、神の概念の重要性が生活のなかで減少することとしてとらえられる。この過程は長期にわたっていて、ゆっくりと進み、そしてまったく単一のものですらない。宗教が人々の生に及ぼす力は、ルネサンスや人文主義、ならびに宗教改革とともに弱まり始めた。文筆家や芸術家はギリシア・ローマ世界の古典のテーマへと向かった。これは神々や別の世界に対する拒否ではなかったが、自然の世界とそのなかでの人間の位置を強調する方へと重心が移った。歴史、詩、芸術、そして言語が、神学や霊性や聖典よりも重視されるようになった（人文主義は「世俗的ヒューマニズム」として一九八〇年代に合衆国の政治の前面に現れ、多くのキリスト教徒の生活を脅かすようにみえた）。もはや教会の職に就く者たちが行動を命じることはなくなり、聖なる祭日は意味をなくし、祈りへの信仰は力を失い、教会上層部は国家に対する力を失った。これらの変化と連動して、物質主義が、新たにより攻撃的に、人々の行動と文化を侵略している。現世の神々は、来世の神よりも魅力的なものとなった。

ヨーロッパでは宗教が論争の中心となり、その非科学的な思考が暴露され、その富と力が非難された。一七八九年のフランス革命は、公生活からカトリック信仰を消そうと試みたことで、宗教に対する攻撃を各地で解き放った。大胆かつ象徴的な動きとして、一七九二年は〔革命暦〕元年に改められ、それに続く年はすべて呼び方が変わった。宗教にとってもっと悪いことに、国家が教会財産を接収し、司祭と修道女は還俗を強制されて、社会のただの一員となった。そしてすぐに、スペインからメキシコまで、社会での宗教の影響力をめぐって暴力が爆発した。

このような世俗化の過程はヨーロッパと南北アメリカに限られたことではなかった。中国では、一九世紀に儒教を撲滅しようという動きがあった。儒教は伝統と秩序、階層制、尊敬の念を重視し、進歩に必要である実験と個性を鈍らせ奪っていた。祖先崇拝にまつわる儀礼が社会に啓示を与え、社会は過去をみて未来をみず、個人は狭い範囲にとらわれていた。儒教に投げかけられた非難は、一九世紀の地中海世界やラテンアメリカでリベラルたちがカトリックに感じた恐れや希望と同じものを含んでいた。カトリック信仰も儒教も、改革者たちが思い描いた新たな社会にとっては意味をもたない文化的遺産であった。

世俗主義者による過去の解釈にとって不運なことに、宗教の基盤となる信仰は、変わるとしてもゆっくりとしか変化しなかった。二〇世紀末のグローバリズムという力が強く加わっても、世俗主義を強めることはできなかった。グローバリズムによって、人、物、そして文化的態度はかつてないほど一つになっている。それぞれの文化は全体として揺さぶられ、伝統はぼやけて、人々は信仰への攻撃に立ち向かうために基本の核へと戻っている。

この核は、宗教、人種、民族、そして政治イデオロギーのいずれかであるか、それらが混合したものであるかもしれない。宗教は、経済的利益と社会習慣を結びつけている場合に、物事を強力な方法で動かす潜在力をもっている。二〇世紀末、宗教と結びついた暴力による憎悪と破壊の道が残された。諸宗教によって、他者や自分たち自身に対してあまりに激しい憎悪が向けられたために、炎上という結果だけがもたらされるのかもしれない。宗教は、揺るがしえないほど確かにそのような結果をもたらし、それはどのような合理的な吟味にも抵抗するのである。

◆原理主義

原理主義は、当初、特定のタイプのキリスト教を説明するのに使われたが、いまでは類似の運動を説明するのに広く使われる。原理主義の台頭は、以前の研究が宗教の歴史への影響を記さなかったことを思い出させ、あざけるものである。状況は変化して、近年の研究はこの問題の本質を語っている。取り上げるべき本は、サミュエル・P・ハンティントンの『文明の衝突と世界秩序の再編』ならびにカレン・アームストロングの『神のための戦い――原理主義の歴史』である。アームストロングが理解しようと試みるのは、宗教がどのように分派化して自分自身や他の派に背を向け、最終的には自らの信仰を再定義する道筋を創り出すのか、である。これは普通、基本原則の再発見を伴う。ハンティントンは、歴史よりも現在における文明の配置の変化に関心を向けた。「宗教は諸文明を定義づける中心的な特質である(13)」。宗教は、言語、民族、そして文化とともに、そしてしばしばそれらの一部となって、個人と共同体に生の意味を与えるという。

二〇世紀の原理主義はどのような点が新しいのか。それは地球規模の次元だということで新しい。二〇世紀後半、移動とコミュニケーションの革命によって、文化や信仰の間での衝突が増した。原理主義の炎は、インド、中東、アフリカ、ヨーロッパ、そして合衆国で同時に燃え上がりうる。ただし、もっと基本的な意味で、つまり、自分の生き方について現実に脅威を受けたり脅威を感じたりした信者集団の反応としては、新しいものではない。プロテスタントとカトリックによる宗教改革とそれに続く戦争は宗教をめぐる衝突の例であり、二〇世紀の各種のムスリムのものも同様に、歴史を決定するものの一つである。そして通俗的なメディアは、暴力での反応を強調するものなのである。

アーノルド・トインビーは、宗教をもっと基本的に、つまり人間という視点から扱った。「あらゆる種類の制度に共通する一つの弊害は、それと一体感をもつ人々が制度を偶像化する傾向にあることである」[14]。宗教の「偶像化」の発展は、帝国的な聖なる交わりの持続を理解する鍵の一つである。それを理解するために、のちの章では世界の主要な宗教伝統を概観して、さらに聖典と聖なる場についても述べる。後者の二つはどちらも宗教の歴史の柱となる。これらの背景を踏まえたうえで、宗教と政治の分析へと進む。そこでは宗教が政治の機構を創ったり壊したりするのを助ける方法に重点をおく。それはさらに、宗教、平和、そして他の社会問題の議論へと進む。そのあとで宗教と芸術の関係を取り上げ、その相互作用が過去にどう影響したのかに注目する。結論では、いくつかの共通性を指摘し、帝国的な聖なる交わりの現れについての解釈をまとめる。

注

（1）L. Tolstoy, *A confession, the Gospel in Brief, and What I Believe*, trans. Aylmer Maude, London: Oxford University Press, 1971, p. 62.〔レフ・トルストイ、原久一郎訳『懺悔　改版』岩波書店、一九六一年、九五頁〕

（2）N. Smart, *The World's Religions*, Englewood Cliffs, NJ: Prentice Hall, 1989, pp. 11–21.

（3）E. Durkheim, *The Elementary Forms of the Religious Life: A Study in Religious Sociology*, trans. J. W. Swain, London: George Allen & Unwin, 1912, p. 47.〔エミール・デュルケム、古野清人訳『宗教生活の原初形態』上下、岩波書店、一九七五年、八六～八七頁〕

（4）次に引用されている。W. Kaufman, *Religion from Tolstoy to Camus*, New York: Harper & Row, 1961,

p. 272.〔『ある錯覚の未来』の日本語訳は次を参照。ジークムント・フロイト、高田珠樹訳「ある錯覚の未来」『フロイト全集二〇』岩波書店、二〇一一年、二六頁〕

（5） J. L. Esposito, D. J. Fasching and T. Lewis, *World Religions Today*, New York: Oxford University Press, 1963, p. 6.

（6） P. Tillich, *Christianity and the Encounter of World Religions*, New York: Columbia University Press, 1963, p. 8.〔パウル・ティリッヒ、野呂芳男訳「キリスト教と諸世界宗教との出会い」『ティリッヒ著作集四』白水社、一九七九年、七一～七二頁〕

（7） W. C. Smith, "The Comparative Study of Religion," in Walter H. Capps, *Ways of Understanding Religion*, New York: The Macmillan Company, 1972, p. 191.

（8） K. Marx and F. Engels, *On Religion*, Moscow Foreign Languages Publishing House, 1957, p. 41.〔もとは『ヘーゲル法哲学批判序論』にある。カール・マルクス、真下真一訳「ヘーゲル法哲学批判序論」『ヘーゲル法哲学批判序論』大月書店、一九七九年、三三〇頁〕

（9） K. Marx and F. Engels, *On Religion*, p. 146.〔もとは『反デューリング論』にある。フリードリヒ・エンゲルス、大内兵衛・細川嘉六監訳「オイゲン・デューリング氏の科学の変革（反デューリング論）」『マルクス＝エンゲルス全集　第二〇巻』大月書店、一九六八年、三二五頁〕

（10） M. Weber, *The Protestant Ethic and the Spirit of Capitalism*, trans. Talcott Parsons, forward by R. H. Tawney, New York: Charles Scribner's Sons, 1958, p. 75.〔マックス・ヴェーバー、大塚久雄訳『プロテスタンティズムの倫理と資本主義の精神』岩波書店、一九八九年、八五頁〕

（11） *Ibid.*, p. 117.〔同前書、一九六～一九七頁〕

（12） G. Wills, *Under God: Religion and American Politics*, New York: Simon and Schuster, 1990, p. 89.

（13） S. P. Huntington, *The Clash of Civilizations: Remaking of World Order*, New York: Touchstone, 1997, p. 47.〔サミュエル・ハンチントン、鈴木主税訳『文明の衝突』集英社、一九九八年、五四頁〕; K. Armstrong, *The Battle for God: A History of Fundamentalism*, New York: Ballantine Books, 2001.

（14） A. Toynbee, *An Historian's Approach to Religion*, London: Oxford University Press, 1956, p. 268.〔アーノルド・トインビー、深瀬基寛訳『トインビー著作集四　一歴史家の宗教観』社会思想社、一九六七年、四〇〇頁〕

第2章　頂上へ至る多くの道

全力を尽くして一つの道を固守しなさい。石段でも、はしごや縄ばしごでも、竹ざおを使ってさえも、屋根までたどり着ける。しかし、どれか一つに足をかけたあと、次に別のものに足をのせるようでは、屋根まで上がることはできない。……同じように、神を悟るためには、全力をあげて一つの道を歩み続けなければならない。だが、……あなたの道が唯一の正しい道であって他の道が間違っている、などと思ってはいけない。他者の道に悪意を抱いてはならない(1)。

一九世紀インドの聖者シュリー・ラーマクリシュナは、この短い文章のなかに宗教の歴史の多くをまとめた。宗教的表現は複雑であり、また、宗教的実現という頂上へ向かうには一つの明確な道が必要であるという。同時に、歴史のページは、ラーマクリシュナが大いに落胆したように、宗教の多様性を理解し尊重することの失敗で埋められている。

本章では、頂上へ導くいくつかの主要な道を紹介する。原始宗教から始めて、数千年をまたぐ原始宗教である神道の議論もここに含める。宗教史の大きな断絶は、〔カール・ヤスパースが提唱した〕枢軸時代（紀元前八〇〇～二〇〇年）に起こった。原始の信仰が基盤を失って、新たな宗教が現れた時代である。枢軸時代の衝撃を理解するために、まず、西洋で優勢な宗教（ユダヤ教、キリスト教、イスラム教）をみて、そして次に、東洋で優勢な宗教（ヒンドゥー教、ジャイナ教、道教、儒教）に目を移す。この主題は実に大きすぎてどんなに大胆な研究者でも怖じ気づくものだが、概観しておくことにより、この後の章を理解する助けになるだろう。

◆原始宗教

研究者は一〇〇年以上にわたって、最も初期の宗教についてアニミズムという言葉を使ってきた。中東やインドや中国で発展したような、整った形式をもち文書に基づいた宗教と対比するためである。だが、「原始」という用語がそれに取って代わった。のちに現れたものと比べてアニミズム的諸宗教が劣っているか、あるいは未成熟だと考えたのである。この主張を実質的に支えたのは、アニミズムと狩猟採集生活との密接な関連である。ほとんどの狩猟採集社会では、狩りを支えるために精緻な信仰と儀礼が発展した。動物自体が霊的な性質をもつと推定して、狩猟者は狩りの成功を確実にしようとしたのである。諸文化がより複雑な経済制度を採用するにつれて、はじめのうちのアニミズム的な信仰からより文明化されたものへと成長した。これはすべて、劣った宗教から優れた宗教への進化の過程があるということを想定したものである。

アニミズムの信仰は原始宗教を理解する助けとなる。それは、風、水、石、骨、夢、奇形の人間などに表現される精霊を信じる。精霊の世界をうまく動かすために、人々はシャーマンに頼った。シャーマンは特別な知識をもち、精霊と意思疎通し、益をもたらしてくれるように願って歌い、供物を捧げた。結果として精霊は世界に入り、極端な場合には個人に取り憑く。憑依は、ハイチのブードゥーあるいはヴォドゥン、キューバのサンテリーアなどでみられる。多くのならわしが西アフリカからもたらされた。ナイジェリアの大きな民族集団であるヨルバのように、至高の神と並んで、人間と神とを仲介する特別な力をもつ低位の神々も信じる集団がいる。このような階層構造をみると、ヨルバの神々がカトリックの聖者と関連づけられるようになった経緯が理解しやすい。双方の側で力をもっていたものが融合したのである。

原始的な世界観は、西洋社会で優勢な世界観とは異なる。時間がその一例である。西洋ではしばしば社会の進歩と一致させて直線的に時間をみるが、そうではなくて、時間を循環的にとらえて、季節や、神々がつくり出す広い宇宙的なリズムによって区切る。際限なく時間が繰り返し、贖罪や救済の最後の時に至ることはない。場所の意味も異なる。特定の場所が霊的な重要性をもち、その場所がなければ生を理解することもできない。南北アメリカ、オーストラリア、そして中国の各地で、聖なる場所が開発されないよう先住民は闘ってきた。場所への注目に埋め込まれているのは、自然に与えられている価値である。原始宗教は自然と共同体の間の密接な関係のうえに成り立っている。その多くの基にあるのは、生きている霊的な存在を自然が体現し、それが共同体が生き抜く種となる、という信仰である。

原始宗教では、自然、場所、時間、さらには言語や芸術すらもしっかりと絡みあっているので、それらを分けると要点がみえなくなる。木から果物を外しても分析の役に立つだろうが、互いの存在がなければ誤解を招き、歪んだ理解をもたらすことになる。しかし、読者のなかには原始宗教を自分の宗教に適用できるのではないかと思った人もすでにいるかもしれない。例えばローマ・カトリック教会も正教会も、聖体拝領あるいは聖体礼儀のパンが、キリストの体を表象するパンではなく、キリストの体だと信じる。すべては何を強調するかによっているのである。

原始宗教は存在し続けているが、植民地化ならびに世俗化との闘いで困難な状況にある。最終的な結果はまだ出ていないが、都市への移住、部族内の権威者の消滅、そしてグローバル経済などのすべてが、原始宗教の信仰を世界中で弱めることに手を貸している。

◆神　道

神道の歴史をみると、都市的で工業化され、科学技術に制御された社会で、何らかの原始宗教が生き残りえたことが示される。神道では、場所や、ときに人に取り憑いている霊を信じる。岩、樹木、水の流れ、祖先は霊的世界の一部である。それらは「カミ」であり、多くはよい霊で、雨を降らせたり、個人の問題を解決したりする。あるものは聖なる場所となる。すべては何らかの方法で祖先崇拝を支えている。

神道の信仰の起源は過去の闇に紛れてはっきりしない。日本の発展とともに発展し、その文化および政治と常に密接に関係してきた。一八六八年の明治維新や、日本が西洋と通商を開始した頃に、天皇はカミそのものであるとして崇拝されるようになった。一九世紀末から二〇世紀初めにかけて、国家神道（神社神道とも呼ばれる）が日本社会を包み込んだ。生活を規制し、監督し、指示し、強力な日本ナショナリズムの地盤となった。

国家神道とならんで教派神道と呼ばれる一三の神道の教団がある。これらの多くは一九世紀末に興り、異なる方向に枝を延ばした。国は、キリスト教や他の宗教と同じように、教派神道を「諸教会」として、国家神道と区別した。対照的に、国家神道は、カミの住まいとして知られる神社と呼ばれる神殿を中心に組織された。国が国家神道の実践を強い、二〇世紀前半に日本が帝国列強として拡大するにつれて、神道は世界の注目を集めるようになった。戦後、神道は急速に力を失ったが、以前からの慣行は日本文化に根付いており、生活のありふれた一部になっている。

◈枢軸時代

歴史家は世界史における爆発的な時代の一つとして枢軸時代を理解している。この時代には、宗教と哲学について数々の新しい考えが生まれた。これらの新しい宗教は、ユダヤ教、キリスト教、そしてイスラム教などの一神教が強調するように一つの至高存在を信じるか、あるいは、ヒンドゥー教、仏教、道教で主張されるような一つの普遍的で宇宙的な本質や現実を信じた。その存在はこの世界と切り離された独自の一体性をもつけれども、世界が存在するために欠くことができない。宗教は、あらゆる生き物のなかにみつけられる内在的なものではなくて、超越的なものである。

これが人間の経験にとって何を意味したのかはまったくわからない。伝統的な解釈では、宗教の意味の高次の形態だと主張された。神々がすべてを決めていた過去の多神教世界は、愛と慈悲と善という新たな倫理的秩序を促すような霊的理解へと融合していった。これに対立する解釈では、枢軸時代は実際のところ宗教の没落への入口であり、長期にわたって世俗化する過程への出発点であり、最終的には政治的、社会的機構が宗教の機構に取って代わることになる。きわめて単純に言うならば、枢軸時代の後、人間は以前に比べて霊性を失ったということになる。

狩猟採集から自給の農耕へ移るにつれて、人々は共同体のなかで暮らすようになり、それが町や都市へ成長した。多くの人口を支えるのに必要な食料を育て、加工し、貯蔵するための新しい技術が発明された。人口が多くなると、生存をかけた問題に対処するために政治と軍事の新しい指導者が必要となった。このような多くの変化によって、枢軸時代と、そこから始まった新しい宇宙観が育まれたのである。

◆ユダヤ教

ユダヤ教の起源は古代のカナンの地にある。伝承によれば、そこで紀元前一八〇〇年頃に神がアブラハムの前に姿を現した。ユダヤ教徒とキリスト教徒はアブラハムを第一の族長と認めている。アブラハムから、選ばれた部族間での文化的一体性を徐々につくり出すことになる過程が始まった。それは神との独特な関係である。この関係は紀元前一三〇〇年頃にさらに具体的になる。シナイ山で神がモーセの前に現れ、十戒を示したのである。モーセや他の預言者のメッセージの中心にあったのは「契約」であり、アブラハムの子孫と神との聖なる関係である。この契約はユダヤ教徒を選民とし、「約束の地」カナンで幸せに暮らすよう神が運命づけた。その代わりにユダヤ教徒は、唯一の真の神を崇拝して、供物を捧げ、トーラーつまり律法のなかに慎重に定められた厳格な生活に従う。トーラーは『旧約聖書』の最初の五書となった。

ユダヤ教はエルサレムを中心として紀元後一世紀までカナンの地で栄えた。しかし、政治的に分裂し、ローマ帝国によってユダヤ教の神殿が破壊され、離散が始まった。何世紀にもわたる移住と神学の分裂のため、ユダヤ教徒は文化的に大きく二つに分裂した。イベリア半島（スペインとポルトガル）の人々はセファルディームとして知られるようになった。そこで自分たちの言葉（ラディーノ語）をつくり出し、また、中世スペインの哲学と経済に貢献した。一方、中央ヨーロッパの人々はアシュケナジームとなり、自分たちの言葉（イディッシュ語）をもち、異なる生活習慣をもつようになった。

セファルディームとアシュケナジームにとって、イベリア半島も中央ヨーロッパも一時的な避難所でしかなかった。一四九二年にスペインからユダヤ教徒が追放されたことは広く知られているが、これはイギリスやフランスやその他の国から追放されてきた長い歴史の一段階でしかない。一八〇四年のナポレオン法典で、初めてユダヤ教徒は他の市民と同じ権利とゲットーからの移転の自由を手に入れた。一八世紀からヨーロッパのユダヤ教徒は周囲の共同体に同化し始め、それぞれの国民語を話すようになり、伝統的な儀礼をゆるめて、新しい仕事に就くようになった。いわゆる「ユダヤ教改革派」は西欧と合衆国で急速に広がった。保守派は宗教と社会の進化を認めたが、ユダヤ教の生存にとって宗教が中心を占めることを強調し続けた。正統派はさらに保守的であり、伝統的な食事と衣服、そして儀礼上の義務を守った。正統派の最たるものはハレーディームであり、厳密にトーラーに従って生活しようとした。

二〇世紀を通してユダヤ教を理解するための中心テーマであり続けたのは、シオニズムとホロコーストである。どちらも現代のユダヤ教徒のアイデンティティに深く根を張り、政治的な諸問題をもたらした。これらは後の章で扱う。

◆ゾロアスター教

カナンの地より東にあるペルシア（現在のイラン）では、枢軸時代のもう一人の預言者ゾロアスター（ザラスシュトラ）が信者を集めた。ゾロアスターについてはほとんどわかっていないが、紀元前一五〇〇年から六〇〇年の間のどこかで、ゾロアスター教と呼ばれる宗教のかたちができて広まった。ゾロアスター教では、世界中のすべての善と肯定的なものを創造したアフラ・マズダという一つの至高の神を信じた。アンラ・マンユはアフラ・マズダの悪の子孫であり、破壊と嫌悪を好む。個人は善か悪かを選ぶ自由意志をもち、それを「思考、言葉、行動」を通して実行しなければならない。そして、生前どれほどよく生きたかによって、死後に天国に昇るか地獄に堕ちるかが裁かれる。ユダヤ教の預言者と似て、ゾロアスターも一つの真の神について語った。

ゾロアスター教は紀元前六世紀にキュロス大王の統治下でペルシア帝国の宗教となり、インド北部から地中海沿岸にまで広まり、紀元後数世紀の間ペルシアを統治したササン朝の下で最後の繁栄をみせた。ローマ帝国治下を生き延び、七世紀のイスラム教の興隆とともに衰退した。ほぼ活動を停止してしまう前に、中東の地に神学的に深い足跡を遺した。

◆キリスト教

キリスト教では、イエスを理解するための聖なる文書が『新約聖書』であり、赦しと理解を説いた愛と共感の人としてイエスを語る。イエスは、死と復活と奇跡を通して自分の正当性を示した。その肉体と血を人類のために差し出したことが新たな契約であり、それがキリスト教を育み続けている。イエスは神の王国について率直に語ったため、それが地上にすぐ到来すると弟子たちは信じた。それがやって来なかったので、イエスの教えはその生と死と復活を祝う教会のなかで組織された。

この初期の集いから始まって、その後、教会は具体的なかたちをとるようになっていくが、イエスの性質と、イエスが何を言い何を行ったかをめぐって対立や不一致も現れた。三世紀と四世紀にはグノーシス主義（一つの真の神を知るには特別な知識を必要とするという信仰）や、アリウス主義（イエスは正確には神ではない）として知られる運動によって、キリスト教のもろい一体性が危うくなった。これに応じるため、キリスト教共同体の司教たちは、キリスト教の本質を定義しようと一堂に会した。この集まりで最も有名なのは、ニカイアで三二五年に開催された公会議であり、そこでニカイア信条として知られるキリスト教の基本原則が形づくられた。

紀元後七〇年にエルサレムがローマ人によって破壊された後、ローマがキリスト教の活動の中心地として台頭した。三二一年にはコンスタンティヌス帝が改宗したといわれる。これは初期教会の歴史にとって転換点となった。もはや迫害されることはなく、徐々に受容され、さらに守られる宗教となった。ローマの教皇は使徒ペテロの後継者を自認し、北のブリテン諸島やスカンディナヴィアまでキリスト教を押し広げた。ローマ・カトリックの興隆は、一つの文化と政治制度の興隆でもあった。キリスト教の一体性は、共通の宗教慣行に基づいていたと同時に、在地の君主たちとの連携にも基づいていた。

この連携が壊れたときに、キリスト教の新しい派がローマに対して優位を主張することになる。後の章でも強調していくように、分裂は世界史を説明する鍵の一つである。宗教の歴史は拡大と収縮の歴史である。大きな本流が乾きあがって過去の痕跡だけを遺すものもあれば、他のものがもともとの川と並行して流れ、独自の痕跡を文化的景観に残すこともある。

西洋文明で最も強調されるのは、カトリックへの批判によってマルティン・ルターが引き金を引いたプロテスタントの宗教改革である。ルターは一五一七年に、いまでは有名となった行動をとった。ヴィッテンベルクの大聖堂の扉に「九五か条の論題」を掲げたのである。そこでは贖宥状（煉獄での期間の短縮を買うこと）の販売から聖職者の不道徳まで、あらゆることを攻撃した。他の宗教指導者もルターに続き、ローマの霊的権威に挑戦した。司教や聖職者の伝統的な権威に対する表面的な異議申し立てにとどまらない、もっと深いことが進行していた。ルター後の改革者で最も知られている一人であるジャン・カルヴァンによれば、すべては予定されているので、人ができるのは信仰を告白し神の哀れみを請うくらいなのである。よい行いは、カトリックの考えではまだ重要だったが、改革者の信仰ではそれほど重要ではなくなり、イエス・キリストを通して表された神の聖なる善が強調された。人間は根本的に悪であり、もって生まれた罪深い生をあがなおうとしても何もできないということが示されていた。

ローマとの断絶は独特な勢いを帯びた。特にそれが王や諸侯の利益になったからである。イギリスのヘンリー八世についての有名な逸話はまさにこの点を示している。ヘンリーは、アラゴンのキャサリンとの婚姻の無効を教皇に認められなかったために、ローマと手を切ってイングランド教会を創設した。それは、イングランドとカナダでは聖公会として、合衆国では監督教会、つまり米国聖公会として知られる。一六世紀に起源をもつ聖公会は、宗教改革の結果生じた多くの宗派の一つでしかない。そのなかでは長老派、メソディスト、洗礼派が主要なもので、さらに何世紀もたつうちに数百の宗派が加わった。

◆東方正教会

一六世紀の宗教改革を強調すると、もっと前の教会分裂の重要性が薄れてしまう。ローマ帝国での抑圧によってローマの教会が苦闘していた時期に、より東方のキリスト教徒はパレスティナ、レバノン、シリア、ギリシア、アナトリア、そしてアフリカのキリスト教共同体との間に地理的にも文化的にも近い状態を維持した。この人々はアラム語（キリストの言語）やヘブライ語や他の諸言語を話したが、エルサレムのゆりかごからキリスト教を運び出したのはギリシア語だった。小さな諸共同体は、大きくなるにつれて、総主教を中心に組織化した。総主教は、ローマ教会の教皇のように教義の問題についての権威者として行動した。

コンスタンティヌス帝が改宗し、ローマ帝国の首都がコンスタンティノープルに遷されると（三三〇年）、総主教たちの力が強まった。遷都の政治的結果として、ローマの司教は最初の七回の公会議に参加できなかった。これはつまり、キリスト教を制度化して基本となる信仰を信条に制定する初期の努力は、おもに東方の影響下で行われたことを意味する。ローマにおいてすら、五世紀にラテン語が導入されるまでギリシア語が典礼で使われていた。ローマの衰退と北方諸族の侵入によってローマ教会はさらに弱まり、キリスト教世界で二番目の地位へ下がった。

キリスト教の二つの枝が成長するにつれ、宗教慣行にも違いが現れた。多くの差異は小さなものにみえるかもしれないが、数世紀の重みが増すにつれてそれらが重要になった。例えば東方教会では、洗礼で子どもを三回水に浸す。子どもたちはこの直後に傅膏機密をうけ、その時点から聖体礼儀に加わることができる。既婚男性も聖職者になれるが、聖職に就いた後に結婚することはできない。独身の禁欲生活が求められるのは修道士と主教のみである。聖体礼儀で歌はあるが楽器は使わない（日本語では宗派により用語が異なることが多い。ローマ・カトリックで、傅膏機密は堅信、主教は司教にほぼ相当する。傅膏機密あるいは堅信は、洗礼より後に行われる入信儀礼の一つ。正教で聖体礼儀と訳されるコミュニオンは、聖別されたパンやぶどう酒などを信者がともに食することであり、カトリックでは聖体拝領、プロテスタントでは陪餐と訳され、それを中心とした聖餐の儀礼は正教で聖体礼儀、カトリックでミサ、プロテスタントでは聖餐式、主の晩餐、聖晩餐などと訳される〕。イコンは神の存在を表すために特別な力をもつものであり、単に教えを思い出させるものや教えるための形式ではない。

決定的となった小さな違いは、ローマがニカイア信条に加えたフィリオクエ（子からも）という句である。父だけでなく子からも精霊が発せられるという。カール大帝は神学よりも政治で知られるが、『聖書』の新たなラテン語訳でこの句を入れさせた（特に『ヨハネによる福音書』第一五章をみよ）。一一世紀にレオ九世がニカイア信条にこれを加えると決め、コンスタンティノープル総主教と最終的に決裂することになった。

いまの正教会は地中海東部からバルカンとロシアにかけて広がり、一五の独立した教会に組織され、それぞれを主教が率いている〔独立自治教会の数は誰が認めているかにより解釈が異なる〕。コンスタンティノープル、アンティオキア、エルサレム、そしてアレクサンドリアに初期からあった四つの教会は、正教会の歴史で特に重要である。キリスト教の歴史をさらに複雑にすることになるが、東方典礼教会にも言及すべきである。東方典礼カトリック教会、合同教会など様々に呼ばれる〔東方帰一教会、ギリシア・カトリック教会などの呼称もあり、自称か他称か、どの視点からの呼び方かを考慮する必要もある〕。儀礼、法、そして言葉は正教会に類似し、そのすべては共通の伝統に基づいているが、正教会と異なり、ローマの下にある。

◆イスラム教

イスラム教は七世紀初期にアラビア半島で起こった啓示宗教かつ預言者の宗教である。預言者ムハンマド・イブン・アブドゥッラーフ（五七〇～六三二）はイスラム教の創始者として広く認められている。伝承によれば、ムハンマドはメッカ郊外の洞窟で瞑想していたときに大天使ジブリール（ガブリエル）から啓示を授けられた。それを口述し、筆記者が、個人と共同体の生活についての包括的な案内のなかに書き記して、『クルアーン』として知られるようになった。この預言者の言行と伝承はハディースとして編纂された。これもムスリムにとって霊感の源である。

イスラム教の基本原則を要約しているのが次の「五つの柱」である。①「神のほかに神はなく、ムハンマドは神の預言者である」という信仰を受け入れる。②メッカの方を向いて一日五回礼拝する。③喜捨する。④ムスリムの太陰暦に定められるラマダーン月に断食する。⑤メッカへ少なくとも一生に一度巡礼する。さらに六つ目の柱を加える説もある。ジハードを実行することである。これはよく「聖戦」と訳されるが、より正確には「奮闘」であり、個人としても社会としても『クルアーン』の理想を実現することである。

イスラム教は猛烈な勢いで地理的に広まった。これに匹敵するのは一六世紀のスペインによるアメリカ大陸の植民地化くらいである。ムハンマドの死後一〇年ほどでペルシアへ普及し、一世代後にはインドまで到達した。同時にアフリカを西進して七一一年までにスペインを縦断してピレネーを越えた。一方で、その中心は中東にあり、とりわけバグダードであった。バグダードのカリフ（普通はムハンマドの後継者と定義される）は七五〇年から一二五八年まで中心部のイスラム教世界を統括した。西部ではコルドバのカリフがイベリア半島と北アフリカを統括した。

この時期はよくイスラム教の「黄金時代」といわれる。文化と学問で光彩を放ち、壮麗なイスラム教の名声がヨーロッパとアジアに広まった。地中海世界で影響力が弱まったときにも、東南アジアで勢力を伸ばした。一五～一六世紀に、商人と法学者が、マレー半島からインドネシア諸島まで広がる地域へと普及させたのである。そこでは他の宗教と入り交じったが、何世紀にもわたる文化的な受容を乗り越えて自らの特性を守り続けた。

拡大初期の数十年から、すでにイスラム教は対立と分裂に悩まされていた。ムハンマドの死後、後継者をめぐる不和から、「預言者の慣行」として知られるスンナ派と、ムハンマドのいとこで娘婿である第四代カリフのアリーがその正当な後継者だと信じる人々との間で分裂した。この「アリーの党派」つまりシーア派は、アリーの子孫が指導者となるよう求めた。シーア派は救世主信仰がより強いという心理的傾向をもち、カリフが神に近い特別な力をもつと信じた。最初の三人のカリフは悪魔のような簒奪者《さんだつしゃ》であり、その子孫は不敬な支配者だと考えた。

ウンマ〔イスラム教共同体〕は、支配権をめぐる戦いによって引き起こされた危機を和らげた。ウンマは経済と政治と社会の現実生活を導いてきた。中世キリスト教の普遍主義に似て、ウンマは、長い間中東の人々の生活を構成してきた部族主義を縫いあわせる糸の役割を果たし、言語、文化、そして家系の違いを克服することを助けた。これを達成するため、ウンマにとって、一体性と目的の恒常性を保つようなシャリーアつまり法が必要だった。しかし、たいていの社会でそうであるように、法は解釈の問題であり、種々の学派が発展した。そこから、共同体のために『クルアーン』とシャリーアを解釈する法学者としてのウラマーの発展が導かれることになった。

ムスリム世界の統合という理想は、外部と内部の両方の力によって崩壊した。一一世紀から一二世紀にかけて、西方のキリスト教地域から兵士、商人、巡礼者が束になってやって来てバグダードのカリフの力を掘り崩した。北東からはモンゴルが侵入し、一二五八年にこのカリフ座をついに滅亡させた。イベリア半島では一二世紀から一三世紀にかけてスペインが前進して領土を再獲得し、ついに一四九二年にグラナダが陥落する。だが、トルコ系のオスマン帝国、シーア派のペルシア帝国、そしてインドのムガル帝国では、政治が変わってもイスラム教が残り続けた。

◆ヒンドゥー教

紀元前二〇〇〇年頃に中央アジアのステップから北インドへ移住してきた諸部族は、一般に（信仰の篤い、あるいは高貴なことを意味する）アーリア人として言及される。その人々の宗教上の諸信仰が古代の現地の諸信仰と混合してヒンドゥー教を形成した。それは数千の異なる神を含み込む、思考と慣習の複雑な制度だった〔ヒンドゥー教（Hinduism）という言葉は、南アジアに暮らすムスリムでない人々の宗教的な伝統を指し、イギリスで一九世紀につくられた用語であることには注意が必要である。インドには一貫した宗教体系があるという前提に立ってつくられた言葉だった。ペルシア語ならびにアラビア語ではインダス川以東に住む人々がヒンドゥーと呼ばれており、そこに主義や教義を意味する ism が加えられた〕。

複雑であるにもかかわらず、ヒンドゥー教は、中心的で絶対的ですべてを包含する実在であるブラフマンという核をもつ。ブラフマンは、アートマンのなかで人間の次元を帯びる。アートマンとはある種の魂であり、ブラフマンを具現することが究極の目的である。複数の神性がブラフマンを囲んでいる。ブラフマーは創造神であるけれども、それ自身がブラフマンから発し、ブラフマンの一部である。ブラフマンは、シヴァとヴィシュヌという二つの異なるかたちでも現れる。シヴァは創造者かつ破壊者で、生命をつくり出す変化の循環の裏で働く原動力である。それと対照的にヴィシュヌは生命の安定と連続性を提供する。ブラフマーとシヴァとヴィシュヌは異なる神として崇拝されるが、ある意味ではキリスト教の三位一体と似ていて、多くのヒンドゥーの人々から同じ神の異なる顔とみられる。これらの下に、人間の様々な要求と目的を表す多くの神が並んでいる。

信仰制度の全体は、カルマ（業）を軸に回っている。カルマは宇宙の生命の根底にあるエネルギーの原則であり、終わりのない連鎖反応のなかですべての行動が反作用を引き起こすと定めている。行動はそれ自体が道徳的な内容をもつ。生命は再生の循環であり、適切なカルマがあれば来世はよりよくなるだろうし、究極の転生はブラフマンと一つになることである。

カルマと転生によりヒンドゥー教のカースト制度が説明しやすくなる。宗教的な知識をもち儀礼を司る者であるブラーフマナ〔日本語では漢訳仏典の婆羅門という音写からバラモンとも称される〕は、数世紀にわたる試練に耐え、いまでもインドで最高位の社会集団の一つに位置づけられる。尊敬されるのは、この人々が輪廻転生から抜け出て絶対者に加わる可能性が最も高いカーストにいると、ヒンドゥー教徒がみているからである。カーストは数世紀の間に増加して二〇世紀までに数千を数えるほどとなり、それぞれが自分の神と崇拝のかたちをもっている。

ヒンドゥー教は、キリスト教やイスラム教のような攻撃的な伝道を行わなかった。地球規模での拡散は、二〇世紀の後半に数百万人のインド人が経済的な機会を求めて亜大陸から出ていったときに起こった。ヒンドゥー教徒のほとんどはいまもインドに存在するが、近年の移住によって、アメリカ合衆国のウェストヴァージニア州に寺院が建つまでに広まった。

◆ジャイナ教

ジャイナ教は、ヒンドゥー教とおなじ土壌で育ち、仏教とゾロアスター教がつくられたのと同じ激動の時期に特定のかたちをとるに至った。伝承によれば、ベンガル近隣のビハールの国の王子マハーヴィーラが開祖である。マハーヴィーラは、永続的な苦しみの旅から魂を解放するために、霊性をもつメッセージを説いた。ヒンドゥー教徒を悩ませていた生と死と誕生という永遠の輪廻を拒否し、ヒンドゥー教の多様な神々を退けて、注目すべき人生を送り他者の手本となる個人の崇拝を始めた。

ジャイナ教は、注意深く行動する生活を重視する。それは、あらゆる生き物への絶対的な敬意を基にしている。生き物を傷つけることを恐れているため、農民や漁民になることができない。しかしながら、生きていくためには食事をとらねばならない。妥協のために、塊茎など地中から現れる野菜は拒否して、木から落ちた果物を選ぶ。宗教的な信仰のために生産と消費の職業から距離をおき、商業と貿易に携わる。商人と官僚としての成功のために、インドでは信者数をはるかに超える影響力を有している。

◆仏　教

仏教は、インドで成長した三番目に大きな宗教である。インドとネパールが接する地帯で紀元前五六〇年から四八〇年の間のどこかで生きていたガウタマ・シッダールタの教えによる。弟子たちはガウタマを、ブッダつまり「目覚めた人」と呼んだ。ブッダはその教えを「四つの貴い真理」つまり四諦としてまとめた。①誕生から死まで、そしてふたたび生まれることまで、すべては苦である。②欲望が苦の原因である。③欲望を消すことで苦を克服できる。④そのためには「八つの貴い道」つまり八正道に従う。つまり、信仰、意志、言葉、行為、生活、努力、思考、瞑想を統制することである。こうすれば、生死、光と闇、幸福と悲哀を超えた宇宙的な力とのある種の交わりである涅槃に達することができる。

仏教の主流はいくつかに分かれ、二つが優勢になった。ブッダのもともとの教えは、感情と思考と行動を厳しく統制することを要求し、純粋な心と精神を求めた。そのために「年長者の教え」つまり上座部仏教と呼ばれるようになった。上座部仏教は、僧や尼僧に向けて、涅槃への最も短いが最も険しく厳しい道を提供する。「大きな乗り物」を意味する大乗仏教では、それほど要求しない。

西洋でよく知られている他の二つの形態の仏教が、仏教の世界に多様性を与えている。チベットでは、仏教が現地の原始宗教の信仰に接ぎ木され、「ラマ教」として現れた。そこでは地元の僧つまりラマが、仏教の慣行を自分のものとして取り入れ、ある種の神政を発展させた〔チベット仏教の特殊性を強調するラマ教という呼称と、それに基づく本書のような見方は近年大きく修正されている〕。もう一つは禅であり、日本でよく普及し、二〇世紀末にもまだ六〇ほどの禅宗の僧堂があった。僧堂は修行と浄化の場所であり、僧は心身を統制するために儀礼を実践する。禅師は修行者の生活を統制し、修行を通して最終的な目標である悟りへと導く。最も過酷な精神の修行が公案であり、逆説的ななぞかけで答えを求める。最もよく知られている公案に「隻手《せきしゅ》の声とは何か」がある。公案を黙想して解くことにより悟りに至ることができる。

仏教は、紀元前三世紀にアショーカ王が改宗してからインドで急速に広まった。キリスト教がコンスタンティヌスの改宗によって後押しされたのと似ている。すぐに勢いを増してインド亜大陸の南へと広がり、東南アジアへ進み、紀元一世紀に中国に及んだ。紀元四七〇年には中国北部で仏教が公式の宗教となった。その頃には日本と朝鮮にも伝わった。一方で、発生の地では力を弱めた。最終的な打撃はイスラム教の進出とともにやってきた。現在はインドの人口の一パーセントを占めるだけであり、キリスト教徒やシク教徒よりも少ない。

キリスト教とイスラム教とよく似て、仏教は他の地へ移っていき、ときに文明や国家制度の基盤となった。最もよい例がミャンマー、カンボジア、ラオス、スリランカ、タイの上座部仏教である。日本では影響力をもつこともあったが、他の場所ではたいてい周縁部で生き延び、場合によっては敵対的で差別的な政治制度に直面することもあった。

◆道 教

道教は、中国の原始宗教の信仰に遠い根をもつ哲学であり宗教である。紀元前四世紀か三世紀頃に、老子と荘子が宇宙的な道（タオ）について教えた。両者は弟子たちに、森羅万象を変えるよりもそれに適合し、その律動と力を受け入れるよう説いた。というのも、自然はそれ自身が、人間が競えないような宇宙的な知をもっているからである。タオとはあらゆるものの方法であり、神ではなく、神的な意識、あるいは天である。それを一つか二つに抽象化することはできない。むしろそれは森羅万象に内在する構造であり、それが含むすべてのことである。それは常に離合集散する普遍的な宇宙の本質であり、あらゆるものごとを構成する。基本的な原則は陰と陽、つまり森羅万象を構成する対立する力である。陰は普通、影、闇、北と関連し、陽は光、太陽、南に属する。女性は陰で男性は陽であり、それぞれは異なる象徴で表される。タオは神ではないが、道教の祠廟には多くの神々がいる。加えて、道教の解説者として道士の階層が現れ、錬金術から易断までにわたる技術を得て実践した。これらの儀礼は、人々が悪を追い出し、病に打ち勝ち、不老不死の薬をみつけるのを手伝う伝統的なシャーマニズムの慣行と混ざりあった。

◆儒教

孔子は、紀元前五五一年に生まれ四七九年に没した。ブッダより少し若い。社会秩序を維持するための深い倫理的な責任感に信をおいた。他のほとんどの宗教の創始者と異なり、個人のことや永遠性よりも社会と現世のことに関心を向けた。名声、財産、権力よりも、教育と適切な振る舞いを重んじた。その考えは宗教というよりも政治哲学と道徳に近く、そこから王と臣下、父と子、夫と妻、年上と年下、そして友人の間での敬意と礼節を重視する行動規範が導き出された。

儒教は中国の他の宗教と共存し、同時に、民間宗教の一般的な偶像崇拝、魔術、占いをあざけった。孔子は、天国と天の力を否定することはなかったが、祖先を敬い崇める実践と、国家と社会の成功の方に関心を向けた。

儒教は盛衰を繰り返したが、常に国家にとって有用な道具であり続けた。秩序と統制を重視したがゆえに、国家の意思を人々に強いて安定を保証するために完璧な道具を提供した。それは国家の官僚制と上級官吏層の結びつきに依拠していた。上級官吏は国家に奉仕する高位聖職者で、教養があり敬意を払われていて、政府に文化的な正当性を与えるのに寄与した。一九一〇年には、カトリック教会をモデルに、孔子を神格化して国民教会をつくる運動が起こったが、ほとんど見向きもされなかった。

儒教は中国以外では朝鮮で生き延び、李王朝下では国家宗教となった。そこでは中国と同じように道徳規範と倫理制度が強調された。

ここまで世界の諸宗教に目を通してきたが、概略にとどめざるをえなかった。より広く検討するならば、世界各地の複合的な諸宗教や、人々が自分の霊的なアイデンティティと組み合わせることによって現れては消えていった多くの宇宙観も含まれるだろう。加えて、二次的につくられた多くの集団や、セクトやカルトも人類の歴史の一部であるが、省略した。その多くは短命だったが、組織をつくり、公認の地位を求めるほどの影響力をもつほどに信者を集めたものもあった。シク教、モルモン教、バハーイー教など、地球規模で広がったこれらの宗教や他の宗教は、その歴史が帝国的な聖なる交わりに固有の緊張関係を理解させてくれるような場合に、この後の各章で取り上げることになる。

注

（1） S. Ramakrishna, *The Gospel of Sri Ramakrishna*, trans. S. Nikhilananda, New York: Ramakrishna-Vivekananda Center, 1942, p. 514.〔『（全訳）ラーマクリシュナの福音』日本ヴェーダーンダ協会、一九八七年、五一一頁〕

第3章　聖典と口伝

二〇〇三年一一月の日曜の午後、ニューハンプシャー州ダラムのアイススケート用アリーナで、米国聖公会の聖職者V・ジーン・ロビンソンは、総主教フランク・グリズウォルドの前にうやうやしくひざまずいた。不安そうな数千人の観衆と国外からも集まった報道陣がみつめるなかで、グリズウォルドはロビンソンの頭に手をかざして聖別し、ニューハンプシャー管区の補佐主教に任命した。ロビンソンは立ち上がり、グリズウォルドの反対側を向き、マーク・アンドリューから主教冠（イエスの使徒たちとの歴史的な連続性のシンボル）を授けられた。

合衆国では聖公会の主教の任命は毎年よくあることで、マスコミはほとんど注目しない。だが、ロビンソンの任命はテレビで放映され、世界中のメディアで報道されて、その年の国際的な大ニュースとして認識されるほどになった。任命に続く数週間で、主要な聖公会の主教たちがグリズウォルド、ロビンソン、そしてこの聖別への参加者との関係を絶ち、米国聖公会を含む七七〇〇万人の信徒を擁する聖公会の集合体（アングリカン・コミュニオン）が分裂し始めた。ローマ・カトリック教会は聖公会との関係を弱め、ロシア正教会は米国聖公会が背教の罪を犯したと宣言した。恒例のはずのこの宗教儀式が、なぜそれほどに多くの議論を引き起こしたのだろうか。ロビンソンに主教冠を与えたアンドリューは、ロビンソンの同性愛のパートナーでもあった。二人は三〇年以上にわたって一緒に生活し、性的関係を公言した関係にあったのである。

ジーン・ロビンソンが米国聖公会で主教に選出され就任したことは、聖公会の基盤を揺さぶった。これは社会学から神学までの様々な視角から分析できるだろう。一方で、各地で起こった揺り戻しは、キリスト教の聖典である『聖書』の解釈によって、最もうまく説明できるかもしれない。聖公会のキリスト教徒のかなり多くは、あらゆる形態の性的な関係が、一夫一妻の異性間の結婚の文脈内で起こらねばならないと信じている。たいていのキリスト教徒は、この基準にあてはまらないすべての性行為を、自分たちの神にとって受け入れられないもの、つまり罪として理解しなければならないと信じている。なぜ同性の性行為が罪だとわかるのか説明するよう求められたら、たいていの伝統的なキリスト教徒は、『聖書』がそう教えていると答えるのである。

実際のところ、ユダヤ教そしてキリスト教の『聖書』は、同性間の性的関係を認めないようにみえる。この事実は、多くの西洋文化のなかで、市民的権利を守る必要があるマイノリティとして同性愛者をみるようになるにつれて、ますます明らかになった。西洋の宗教と社会がこの点で分化するにしたがって、この違いは次第に明白になり、緊張が増すことになるだろう。

宗教の多くは何らかの聖典をもっているが、聖典が何を意味するかはそれをつくり出した宗教ごとに異なる。キリスト教徒のなかでも特にプロテスタントは、自分の『聖書』そのものを聖なるもの、あるいは「神聖なもの」ととらえる傾向がある。その言葉は単に賢い人々の思考や概念を映し出すのではなく、神の心そのものを映し出すととらえる。多くのキリスト教徒にとって『聖書』は神の意志を人類に過誤なく伝えるもので、『聖書』の教えを棄てる行動は罪である。聖典の教えに異議を唱える者は、自分の宗教的権威の基盤そのものに異議を唱えることになる。

すべての宗教が、聖典を神に命じられた無謬の教えとしてみるわけではない。仏教徒は、書かれた言葉を敬うことを慎重に避けて、むしろ個人の行動を重視するが、個々人の経験はある意味で書かれたものを反映している。老子による『道徳経』は、すべての道教の派で権威ある聖典と認められるが、時代の変化につれてこの宗教にはいろいろなことが付加された。それは知的、社会的な環境の変化に適合する能力を示している。

優勢な宗教共同体がひとまとまりの書き物を聖なるものとして指名するとすぐに、社会はその聖典に服従の意を示し、一定のレベルでそれを崇めるようになる。自分たちの聖典が侮辱されたり神聖さを否定されたりしたと考えたときに、宗教心のある人が否定的に（ときに暴力的に）反応して行動する理由は、そこから説明できる。

聖典が保存されねばならないのは、聖なる真実を現在と将来の世代に伝える役割をもつものだからである。そのようなものとして、それを崇める者たちの行動にしばしば影響を与える。マーティン・ルーサー・キング・ジュニアが黒人の公民権のために闘うことに人生を捧げたのは、単なる政治的な理由からだけでなく、キリスト教の福音にある解放のメッセージをずっと信じてきたからである。ネルソン・マンデラ、デズモンド・ツツ、フレデリック・W・デクラークが南アフリカのアパルトヘイトを解消するために共通の大義をみつけたのは、同じ聖典への関わりを共有していたからである。インドでは、マハートマー・ガンディーが、『バガヴァッド・ギーター』などの聖典で積極的な行動が肯定されているのを支えにして、長い間最も基本的な人権すら否定されてきた不可触民ダリトへの無慈悲な考え方を国から取り除くために活動した。

「聖典」の意味は、書かれた文章だけに限るべきではない。ほとんど例外なく、世界にある宗教の聖典は、書き記される前に口述で伝えられたのである。例外があるとしても、口頭での文章の布告は書かれたものが現れる際にきわめて重要である。アンティオキアでの初期キリスト教では、礼拝での詠唱をケルヤーナーつまり「宣言」と記した。この言葉はムスリムの「クルアーン」と同じ語源をもつ。この理由から、すべての宗教は何らかの「聖典」をもつといえるかもしれない。なぜなら、すべての宗教は、神話、歴史の語り、あるいは敬うべき教えを通して何らかの究極の真実を宣言しようとするものだからである。

世界の大きな宗教の多くは、口頭伝承によって育まれた。長い間ヒンドゥー教では書き留めること自体が不浄な行為とみられてきたために、聖典と考えられるものの多くが書き記されるまでに何世紀も要した。ヘブライの伝承のなかで伝統的に立法者モーセの教えの核とされてきたトーラーの多くは口頭伝承のかたちで存在してきたのであり、おそらくは紀元前一〇世紀に素材が編纂され始めてから、文章のかたちをとるに至ったのである。

本章では、宗教の聖典にみつけられる核となる教えの発展を検討する。結論では、現代世界で最も注目すべき変則的な「聖典」について述べる。それは、あらゆる困難にもかかわらず、自分にとっての聖なる教えを、現代まで口頭で伝え続けてきた人々がいるということである。

◆ヒンドゥー教と『リグ・ヴェーダ』

大規模な世界的宗教のなかで最も古いヒンドゥー教は、その教えを一つの聖典で説明できるような一枚岩の信仰制度としてアプローチすべきではない。ヒンドゥー教の起源は四〇〇〇年以上も前の口頭の宗教伝承にまで遡ることができる。最も権威ある聖典は、おそらく紀元前一五〇〇年から五〇〇年にかけてのヴェーダ期に記された。

ヒンドゥー教の聖典には二つの大きな型がある。シュルティ（聞かれたもの）とスムリティ（記憶されたもの）である。最も重要な啓示であるシュルティは、『ヴェーダ』『ブラーフマナ』『アーラニヤカ』『ウパニシャド』からなり、それらは『ヴェーダ』についての注釈と哲学的学識の集合である。シュルティは超越的なところに起源をもち、二〇〇〇年以上ほとんど変化していない。スムリティの文章は変化にさらされてきた。それは、より権威のあるシュルティの素材の解釈として使用され、信者がその教えに近づいて理解する助けとなる。

基本となるヒンドゥー教の聖典は、四つの『ヴェーダ』すなわち「聖なる知識」の書である。ここには『リグ・ヴェーダ』『ヤジュル・ヴェーダ』『サーマ・ヴェーダ』『アタルヴァ・ヴェーダ』が含まれる。四つの『ヴェーダ』のうち最も古いのが『リグ・ヴェーダ』であり、これがおそらく最も興味深く、少なくとも群を抜いて知名度が高い。「リグ」という言葉は、もともと「讃える」や「讃歌」と同じ意味である。一〇二八の讃歌からなり、それぞれが神や女神を讃える。ヒンドゥー教の聖典のうち最も権威があるが、西洋の宗教にみられるような正統性の優劣をもつ階層構造をヒンドゥー教は提示しない。ヒンドゥー教徒にとって信じることよりもどのように生きるかの方が重要であり、『リグ・ヴェーダ』や他の聖なる文章の解釈は大きく変化するのである。聖職者の最上階級であるブラーフマナは、『ヴェーダ』の教えの伝統的な解釈である『ブラーフマナ』を著し、『ヴェーダ』の儀礼の教えに注釈をほどこした。

『リグ・ヴェーダ』は、数世紀もの間に、もはや名前のわからない詩人たちによって書かれた。ほとんどは紀元前一〇〇〇年までに書き記されたが、紀元前五〇〇年になってすら完成していなかった書もある。諸々の讃歌は、人生の差し迫った哲学的問題に答えを与える。アーリア人が魂の生まれ変わりや転生を信じていたという証拠はない。その教義はのちのヴェーダ期になってから初めて現れる。むしろ初期のヒンドゥー教は、現世の生活の善を肯定し、死すべき人間という残酷な現実を深く嘆いた。

これら生者は死者と決別せり。今日われらが神々への祈願は、幸多きものとなれり。
舞踏と嬉笑とに向かいてわれらは行けり、寿命をさらに長く延ばして。

生者のため、われはこの防塞を築く。これらの者は誰も、この境界にいたることなかれ。
かれらは豊かなる百歳を生きよ。かれらは死をこの山の下に葬れ。(1)

アーリア人の『ヴェーダ』の師たちは、南インドの禁欲的な文化での教えを自分たちの宗教から遠ざけておこうとしたのだが、時が経つにつれてそれが伝統的なヒンドゥー教に融合し、いま私たちが知っているような大きな世界的宗教をつくり出した。自己否定を唱える者がいる一方で現世の存在に価値を見出す者もいるという、ヒンドゥー教内部で儀礼と教えが大きく異なる理由は、このように異なる宗教の伝統が注ぎ込まれたことからも明らかになる。

◆『聖書』

ユダヤ教とキリスト教という二つの世界的な宗教は、『聖書』と呼ばれる一組の文書を典拠としている。だが、この題が示すものは両者の間で異なる。紀元後九〇年にパレスティナのヤムニアで開かれた大きな会議で、ユダヤ教指導者たちは、キリスト教徒がしばしば「古い契約（『旧約聖書』）」と呼ぶ三九の書を『聖書』とすると決めた。キリスト教と呼ばれるセクトがこの地域に急速に広まらなかったら、この会議は開かれなかったことだろう。キリスト教は自らが典拠とする書を発展させていたが、ユダヤ教の指導者は、おもにヘブライ語で書かれている自分たちの正式の文献とそれとを信者が混同することを望まなかったのである。

ユダヤ教の聖典は大きく三つの部分あるいは型に分けられる。第一に、ユダヤ教はトーラー（律法）を最も権威ある聖典として崇める。それは最初の五書、つまり、『創世記』『出エジプト記』『申命記』『レビ記』『民数記』である。第二がネビーイーム（預言者たち）であり、『ヨシュア記』『士師記』など、イスラエルの倫理的な師たちの歴史の八書である。第三の型はケトゥビーム（諸書）という名で、『歴代誌』一と二、『箴言』『詩編』などが含まれる。

ヘブライ語の聖典で独特な点の一つは、歴史を循環ではなく直線的な進展として描いていることである。紀元前の二〇〇〇年間に中東で一般的なモデルは循環としての歴史だった。ユダヤ教徒が信じたのは、歴史というものが、『創世記』の天地創造の語りに提示される「始まりの」時点まで遡ることができて、意味のある結末へ向かっているということであった。なぜなら歴史の主である神は、自分が選んだ人々を案内して導くことによって、常に自分を現すからである。

初期の長い間、実際のところユダヤ教徒は単一神教だった。つまり、多くの神がいるなかで「ヤハウェ」と呼ぶ自分だけの神が最高神だと信じた。モーセはこういう単一神教徒であり、この概念はイスラエルで普及していた。紀元前一〇〇〇年を過ぎた頃に詩編作者はこう断言している。「神は神の集いのなかに立ち、神々の間で裁きを下す」（『詩編』八二章一節）。単一神教という神のとらえ方はユダヤ教徒の間で広まっていたので、このとらえ方が厳密な一神教に取って代わられるようになるには、紀元前六世紀のバビロニア捕囚をまたねばならなかった。

天地創造の記述によって、ユダヤ教のなかでは、地上の生命を肯定する確固とした伝統が形成された。ヘブライの神は創造のそれぞれの局面をつくり出した後で、自分がつくったものが「よい」とか「非常によい」と自認する。世界を創造したときはこうである。

はじめに神は天と地を創造した。……神は、海の大きな生き物と、水にうごめくあらゆる生き物とを種類に従って、また翼のあるすべての鳥を種類に従って創造した。神はみて、よしとした。……神は自分のかたちに人を創造した。かれらを男と女とに創造した。神はかれらを祝福して言った、「産めよ、増えよ、地に満ちて、これを従わせよ。海の魚、空の鳥、地の上を這うすべての生き物を治めよ」。神は言った、「みよ、わたしはすべての地のおもてにある、種をつけるあらゆる草と、種をつけて実のなるあらゆる木をあなたがたに与えた。それがあなたたちの食物となろう。また、地のあらゆる獣、空のあらゆる鳥、地上を這う生命あるあらゆるものに、すべての緑の草を食物として与えた」。するとそうなった。神は自らつくったすべてのものをみると、はたして、それはきわめてよかった。（『創世記』一章一～三一節）

神が俗界のものをつくり出し、しかもうまくつくり、それが霊的なものに劣らないということが繰り返し肯定される。西洋はキリスト教を通してユダヤ教の教えを受け入れた。ヘブライ語の聖典で物的なものに対するこの独特な肯定がなかったら、西洋文化が現在あるような資本主義と科学の社会へと発展したかどうかはあやしいものである。ユダヤ教徒が生を肯定することは、来世について考えようとしないことにも示される。ヘブライ語の聖典では、ほとんど例外なく、この世の生を超えた生への希望は示されない。紀元前四世紀になって初めて、『ダニエル書』の登場とともに、天国と地獄の概念がユダヤ教徒の間に流布するようになったのである。

ユダヤ教の『聖書』は選ばれたユダヤの民について物語ってくれるが、残酷かつ正直にも、ユダヤ教徒が自分たちの神の期待をどのように裏切って生きてきたのかを一貫して詳しく記す。アブラハムの時代からモーセの時代に至るまで、そして紀元前一〇～九世紀およびそれ以降のユダヤ人の統一王国を通じて、『聖書』の記者たちは神ならびに神との契約に対して人々がほとんど絶え間なく反抗してきたことを嘆いた。結果として、神は絶対に必要と考えたときには自分の民を罰した。ときにバビロニア捕囚（紀元前五八九～五三〇年）の期間のように、神の罰する力によってユダヤ教徒は絶滅の縁まで追い込まれた。この正義の神はまた、情け深い性格も示した。人々が忠実に信じることを拒んだとしても、常に自分の民を再興させて人々に忠実であった。

ヘブライ語の聖典で、歴史の意味に関連する中心的なテーマは、救世主であるメシアへの強烈な期待である（『イザヤ書』九章六～七節など）。期待されるメシア（油を注がれた者）は、最も偉大な王ダヴィデと同様の統治をして、偉大なイスラエル民族を再興するだろう。教えによれば、そのメシアはあらゆる人に平和と正義の時代をもたらし、地上に永遠の王国を創出する。救世主に対するユダヤ教徒の期待は実現しなかったが、紀元前一四〇年から紀元後七〇年の間、その預言の戦闘的側面は、パレスティナでのギリシアとローマの帝国主義に対する宗教的かつ政治的な妥協のない抵抗を鼓舞した。

◆『新約聖書』

紀元後一世紀に、ユダヤ教徒の一集団が、ナザレ出身のとある一般人の人生を、そのような救世主への期待が実現されたものとして解釈した。弟子たちの間でイエスはキリスト（ギリシア語で「メシア」を意味する）だった。イエスが地上の王国をつくり出すことにまったく関心を示さず、ついに処刑されたとき、弟子たちは、約束された地上での支配を築き上げるために、イエスがいつか地上に戻ってくると説いて回った。キリスト教の『聖書』はこのテーマを映し出したものである。イエスをメシアと信じる者はすべて、その肉体的な復活にあずかって、永遠の生を受けることになる。

四世紀になると、キリスト教会が二七の書からなるひとまとまりの『新約聖書』を定め、さらに、より古いユダヤ教の聖典もその『聖書』の一部となった。つまりここで、「聖書」という言葉で示されるものの意味が、ユダヤ教徒とキリスト教徒の間で異なることになった。さらにものごとを混乱させたのは、キリスト教徒のなかでも権威をもつ聖典の記述が異なることである。プロテスタントでは、いくつかの文章つまり聖書外典を『旧約聖書』から除外するが、ローマ・カトリックではそれを含めるのである。

キリスト教徒が崇めた最も初期の文章は、使徒パウロの手紙であり、紀元後五〇年頃に書かれた。一世紀の後半には、イエスの生涯と活動、語ったことを口頭や文字で詳しく示す材料を弟子たちが集めるようになり、そこから四つの福音書が記された。マルコ、マタイ、ルカによるとされる三つの福音書は、共観福音書と呼ばれる。多くの共通したテーマと資料を用いているために一緒にして研究できるからである。『ヨハネによる福音書』はおそらく最後のものであり、他の三つとテーマも形式も異なっている。『使徒言行録』というまた別の文章は、どうやら『ルカによる福音書』と同じ人が書いたようであり、イエス死後の初期キリスト教徒の行動を描き、新しく発生したユダヤ教のセクトが一つの教会へと成長する過程を示す。『新約聖書』で順番の最後におかれる書は、最も論争の多いものである。その『ヨハネの黙示録』は、信仰への迫害に直面したどの世代のキリスト教徒をも励ました象徴的な書である。

『新約聖書』によれば、メシアであるイエスは天地創造の前から存在したが、自分が救おうとする者とともに住むために人間の肉体となった。信じて教えに従う者は、地獄での最終的な滅亡から救われる。イエスの最初のテーマは神の王国を打ち建てることだった。神の王国は、ある一定の場所というよりも、むしろ無私の愛の精神であり、神からの贈り物で、そこに足を踏み入れた者によって経験され実践される。この愛のかたちは、互いを赦し、最悪の敵による攻撃すら赦すことを求める。『ヨハネによる福音書』を記した者によれば、イエスは「誰の罪でも、あなたがたが赦せば、その罪は赦される。誰の罪でも、あなたがたが赦さなければ、赦されないまま残る」と語った（『ヨハネによる福音書』二〇章二三節）。この無私の愛という倫理はキリスト教の教義の頂点であり、『コリントの信徒への第一の手紙』でパウロが古典となる表現を与えている。

たとえ、預言する力をもち、あらゆる神秘とあらゆる知識に通じていようとも、たとえ山を動かすほどの信仰をもっていようとも、愛がなければ、私は無に等しい。……愛は忍耐強く、愛は情け深い。ねたまず、自慢せず、高ぶらない。礼を失せず、自分の利益を求めず、簡単にはいらだたない。……そしていま、信仰と、希望と、愛、この三つは残っている。しかし、そのなかで最も大いなるものは愛である。（『コリントの信徒への第一の手紙』一三章一～一三節）

◆『クルアーン』

イスラム教で最も高次元の聖典は『クルアーン』であり、それは、すべての地上の師のなかで最も偉大であるムハンマドに、二二年にわたって啓示された。ムスリムがアッラーと呼ぶ神自身が、聖典『クルアーン』を「そのしもべ（預言者ムハンマド）に」示し、「それに何ら曲がったところを入れなかった」（一八章一節）。『クルアーン』はある意味で、キリスト教でのキリストの受肉の概念と似ている。どちらも神の言葉が時空間に入ってきたと信じているからである。

『クルアーン』はキリスト教の『新約聖書』とほぼ同じくらいの長さである。スーラと呼ばれる一一四の章からなり、それはさらに詩を意味するアーヤ（という節）に分けられる。『クルアーン』はスーラの長さによって整理され、一番長いものから順に並んでいる。社会関係から法や神学まで、すべてのことについてムスリムの道しるべとなる。最も重要な教えはタウヒードであり、アッラーの絶対的な一体性である。イスラム教は厳格な一神教であり、キリスト教とは対照的に、「アッラーが三のうちの一つであるという者は冒涜者である。なぜなら唯一の神のほかに神はないのだから」と教える（五章七三節）。神の一体性を守ることへの至高の関心から、イスラム教の偶像破壊の傾向を説明できる。

『クルアーン』は重要な社会モデルを、それが大いに必要とされていた時代に、中東の人々に提供した。ムスリムの聖典は奴隷制に節度を定め、そして、一定のレベルで女性の権利を定めた。それはこの地域でかつてないものだった。孤児、年長者、そして明言していないが障がい者への支援を提供した。『クルアーン』は正義と平等に向けての神の深い望みを表現している。「信仰する者たちよ、正義を確保する者、神のための証人となれ。人々への憎しみのあまり、公平でなくなってはならない。公平にせよ。それは神への恐れにより近い」（五章八節）。

『クルアーン』は、最も偉大な神の預言者であるムハンマドと切り離すことはできない。書かれていることはムハンマドだけに示されたからである。ムハンマドは与えられた啓示のすべてを筆記者に書き取らせた。死後、弟子たちは、核となる意味が入れ替えられてゆがめられる前に、遺された教えを標準化する必要を感じた。ムハンマドの後継者であるアブー・バクルが指導して、形式を整えて記された文章へとまとめ始めたようである。この作業は師の死後二〇年ほどで完了した。ムハンマドは神の偉大な預言者のうちで最後の者であり（偉大な預言者にはアブラハム、モーセ、そしてイエスも含まれる）、『クルアーン』の教えが伝わったことで、人類への神の啓示が確実なものになった。ユダヤ教とキリスト教の聖典は導き教えるのに利用できたが、『クルアーン』が最終的な説明を与える必要がある場合には無効にされた。

イスラム教はユダヤ教ならびにキリスト教と密接な関係をもつ宗教的ないとこだが、イスラム教の聖典は両者と異なる。時間をかけて広い信徒の共同体に啓示されたのではなく、一人の個人に託されて、その個人が、受け取ったことを弟子たちに伝えた。そのため『クルアーン』については、『リグ・ヴェーダ』や『聖書』にみられるような神学的な展開が示されなかった。ムスリムは、預言者が受け取ったのと正確に同じかたちのものを今日まで受け継いで教える。ゆえに、もとのアラビア語以外の言語へ翻訳することは解釈として受けとらねばならない。真の『クルアーン』はアラビア語のみで詠唱可能である。他の言語で『クルアーン』を読むのは教え導くためである。

イスラム教は本質的に偶像破壊的であるが、この宗教に芸術が欠けているわけではない。『クルアーン』が記されるアラビア語の素晴らしい書体はムスリムの書の中核をなし、世界で最も美しい美の形式の一つとなっている。

◈『ポポル・ウーフ』と『チラム・バラム』

アメリカ大陸にも聖典があった。コロンブスがやってくるよりはるか以前に、マヤという集団名で知られる先住民が信仰を石に刻み、のちにはもっと複雑なかたちで記した。このうちで最も際立っているのが『ポポル・ウーフ』と『チラム・バラム』である。私たちが知っているのはどちらもヨーロッパ人の侵略の後に書き記されたものである。どちらも歴史家にとってずっと続いてきたジレンマ、つまり、そのなかのどれが先住民の信仰であり、どれがヨーロッパ人の信仰なのか、というジレンマを示している。

スペイン人が来る前の三〇〇〇年以上の間、現在のグアテマラ北部に卓越した文明が栄えていた。マヤ人の一集団であるキチェ族は、高度な文学と洗練された科学をもつ文化をつくり出した。ヨーロッパの侵略者は、先住民を管理する活動のなかで、キチェの聖典のほとんどすべてを集めて破壊し、その学識者が古代の言葉で書くことを禁じた。秘密に活動した一人かあるいは数人のキチェの祭司が、ラテン文字を使って、自分の民族の最も聖なる書を自分の言葉で記した。『ポポル・ウーフ（共同体の書）』は、のちに発見されて、一八世紀初頭のカトリックの修道士によって、その神話的な物語がスペイン語に翻訳されて後世に遺された。

『ポポル・ウーフ』は四つの部分からなる。第一部は世界の創造であり、最高神「天の心」に率いられた神々や半神半人たちの行動を語る。それはまた、「自分たちを養い、糧を用意し、祈り、記憶する」ように神々が望んだもの、つまり人類の到来について読者に教える。第二部では、シバルバー（地獄）の主たちが、人類をつくろうとする天の心の試みに対して闘う。この部分では、他の動物や泥や最後には木から人間をつくろうとする初期の試みの失敗が描かれる。第三部では、血をもつ不死の人類が、生命を維持するトウモロコシの粒からつくられる。初期の人間はあまりにも賢くて、すべてを知ることができた。神々は、増殖できる人間の能力を知って、自分の権威に立ち向かうのではないかと恐れた。人間が少しは謙虚でいられるように、何らかの方法で限界を与える必要があると決めた。そのため天の心が自ら「人々の目にかすみを吹きかけ、鏡に息を吹きかけた時のようにかれらの目が曇ってしまった(2)」。そんなわけで人類は、まだ偉大で不死だったが、宇宙を把握する能力を制限されて、神々よりも少し程度の低いものであることを運命づけられた。第四部は主として、一六世紀に社会が破壊されるまでのキチェ・マヤの王家の記録である。これを記した者たちは、神トヒールに人間のいけにえを捧げることで神が繁栄を助けてくれることを理解している。だが、『ポポル・ウーフ』はまた、その神のあてにならない性格も認識し、最終的にスペイン人に支配されるようになった責任を神のせいにした。

おそらく『ポポル・ウーフ』は、失われた古代の英知の書として最もよく受容された。それを記した者たちは、新しい宗教と文化によって自分たち独自の宗教と文化が急速に征服されていることをはっきりと認識していた。

もう一つの重要なマヤの聖典は、ユカタン地域の先住民の聖なる教えを代表する『チラム・バラム』の諸書である。そこでの偉大な預言者チラム・バラム（文字どおり神の預言者を意味する）は、おそらく一五世紀に存在し、驚くべき洞察力を示して、東方から来る人々が自分たちを征服して新しい宗教で伝統を入れ替えると予言した。

私たちの主がやってくる……。あなたの客たち、ヒゲを生やした人々、東からやって来る人々、神、主のしるしをもつ人々を迎えよう。実に、私たちのために訪れる神の言葉はよい。私たちの再生の日が来る。主よ、あなたは世界を恐れない。私たちをつくった唯一の神なのだから。……神を受け入れ、真に信じる者は、神とともに天に行くだろう。(3)

伝説によれば、トルテカ族の神話的な預言者であり支配者ケツァルコアトルが、ある神々によってメキシコから追い出されたとき、戻ってくることを約束した。そして、それはエルナン・コルテスがメキシコ征服を始めた年と一致した(一五一九年)。ケツァルコアトルは、白い肌でヒゲがあると記される。そして、至高の愛の神についてトルテカ人に教え、人間をいけにえにすることを禁じた。バラムの予言が実現したようにみえたときに、人々はケツァルコアトルを崇めて、ユカタン地域のマヤの預言のすべてをそこに帰属させた。危機の時代の間、『チラム・バラム』は人々に意味と連続性の感覚を与えたことにより、衆望を保ったのである。

◆『モルモン書』

聖典は、数千年とはいわないまでも数百年は遡る神話と倫理の記述として、古代につくられたものと思われがちである。しかし、常にそうだというわけではない。あるアメリカの集団の最近の歴史が示すように、現代でも聖典は記され、人々に受け入れられることがある。末日聖徒イエス・キリスト教会は、成立してから二〇〇年もたっていないけれども、世界で最も急速に拡大している宗教の一つであり、信者は世界中で一〇〇〇万人を超えるほどになっている。

『モルモン書』は、プロテスタントの『聖書』と並んで、アメリカの若い宗教の聖典である。創始者はニューヨーク州北部で生まれたジョゼフ・スミスであり、家の近くで発見した一束の金の板に書かれた内容を翻訳して一八三〇年に出版した。金の板には「改良されたエジプトの」神聖文字によって、コロンブス到来前のアメリカ史が記されていた。アメリカは紀元前六〇〇年に、いまや存在しないイスラエル人部族の支配下に入った。率いていたのはユダヤ教の預言者リーハイと息子ニーファイである。そして、紀元三〇年頃に、キリストが磔刑と復活ののちに西半球へやってきて、強情なイスラエル人に福音を説き、そこに自分の教会を建てさせた。

改宗したリーハイの子孫は不運なことにあい争う二つの集団に分かれた。善を行おうとする白いニーファイ人と、邪悪な濃い色の肌をもつレーマン人である。五世紀にレーマン人はニーファイ人を滅ぼした。コロンブスが一〇〇〇年後にみつけたアメリカ先住民がレーマン人である。ニーファイ人の指導者モルモンと息子モロナイは、一族が滅ぼされる前に一族の物語を編集して金の板に記し、それをジョゼフ・スミスがのちに掘り出したのである。モルモンの意図はその名がつけられたこの本に表現されている。

キリストの来臨後数百年が経ったいま、私はこれらの記録を息子の手に渡す。息子は、私の民の完全な滅亡を目撃するであろう。しかし、息子がかれらよりも長く生きて、かれらについて多少のことを、またキリストについても多少のことを書き記して、それがいつの日かかれらを益するもの

となるように神に祈る。(『モルモンの言葉』一章一〜二節)

レーマン人の褐色の肌は神に呪われた結果だと『モルモン書』は教えるが、アメリカ先住民が改宗すれば「白く快活に」なるとニーファイ書では結んでいる。一九八一年に末日聖徒イエス・キリスト教会は、「白い」から「純粋な」に言葉を換えて人種主義的な響きを減らした。その三年前にモルモン教会は、歴史的に黒人を聖職者に叙階することを禁じてきた決まりを無効にした。

◆聖なる口伝の伝統

枢軸時代に入るまで、ほとんどの聖なる物語と教えは世代から世代へと口頭で伝えられた。書記法が発達するにつれて、聖なるものの守護者は、物語を書き留めて、保存してきたものを将来の世代へと確実に遺そうとした。だからといって口頭伝承がなくなることはなく、書かれたものと口頭伝承は、場合によっては肩を並べて、聖なるものの異なる見解を語ってきた。

それがアメリカ大陸の多くの人々にとっての現状である。例えば、先住民のコユコン族は、ロシア人、そしてのちにアメリカの征服者がもたらした、天然痘とはしかの伝染によってほとんど消滅しかけたが、どうにか生き残った。一九世紀末にキリスト教の伝道者が宗教的な物語と伝統を先住民から消そうとし、多くがキリスト教へ改宗したけれども、コユコン族は祖先の知恵に執着した。ある代表は次のように語った。

キリスト教は、私たちも含めて地上のすべての人のためのものである。しかし、先住民の道も私たちのためのものなのだから、私はどちらも保ち続ける。……すべての動物はあなたが知っている以上に道理を知っている。本当に必要な時以外は何ものにも嫌な思いをさせてはいけない。常に年長者からそう聞かされてきた(4)。

このような理由から、コユコン族は幼いうちに自然ならびにすべての生物に敬意を払うことを学ぶ。運が悪いことはたいてい人為的な要因による。おそらくは自然に対する不適切な振る舞いや、知ってか知らずかの、自然に反する行動によるのだ。コユコン族が「離れた時間」と表現するところから発せられた物語は、特に聖なるものとみられている。創造のあけぼのに続く時代、森の動物たちは実質的に人間であり、他の動物たちとの社会のなかで生活していたのである。

コユコン族は自分の生活が自然の組織のなかにしっかり織り込まれているととらえる。狩りは許されるだけでなく、この世界観の自然な一面であるが、獲物に対する敬意を欠いたり腕前を自慢したりするような不必要な狩りはタブーである。人間は、ワタリガラスなどの生き物に祈ることで、自然に作用してよい方向へ運を変えることができる。口頭伝承であるにもかかわらず、神話は最も深いレベルでコユコン族に語り続け、将来の世代に意味を伝えることを手伝うだろう。

様々な宗教で、個人的な意味と社会的な意味、構造、価値観、倫理的なガイドラインが、聖典と口頭伝承によって信者に与えられる。どの宗教にも書かれたものか口伝の教えがあり、特定の共同体のなかで、聖なるものと考えられてきた。信仰の集団が違えば、自分たちの口頭伝承も書かれた伝統も違ったように受け取られる。すべての宗教にとって聖なる文献や口伝の教えは確かなものであり、それゆえに、究極的な関心を独特に表現するものとして崇められる。次の章で強調するように、聖典は、聖なる意味をもつ地理的な場所と結びつけられる。聖典と空間の相互作用によって、人間の歴史の流れに影響するさらなる力が聖典に与えられるのである。

注

（1） R. T. H. Griffith（trans.）, *The Hymns of the Rgveda, translated with a popular commentary by Ralph T. H. Griffith*, Varanasi: Chowkhamba Sanskrit Series Office, 1963.〔辻直四郎訳『リグ・ヴェーダ讃歌』岩波書店、一九七〇年、二四九〜二五〇頁。一〇巻一八歌三〜四節。葬送の歌〕

（2） D. Goetz and S. G. Morley, *Popol vuh: The Sacred Book of the Ancient Quiché Maya*, English version by Delia Goetz and Sylvanus G. Morley, from the translation of Adrián Recinos, Norman: University of Oklahoma Press, 1950, p. 206.〔A・レシーノス原訳、林屋永吉訳『ポポル・ヴフ』中央公論社、一九七七年、二二八頁〕

（3） R. L. Roys, *The Book of Chilam Balam of Chumayel*, Washington, D.C.: Carnegie Institution, 1933, pp. 168-169.〔次の日本語訳を参照した。ル・クレジオ原訳・序、望月芳郎訳『マヤ神話——チラム・バラムの予言』新潮社、一九八一年、二四〇頁〕

（4）　R. K. Nelson, *Make Prayers to the Raven: A Koyukon View of the Northern Forest*, Chicago: University of Chicago Press, 1986, p. 235.

第4章　聖なる場所

聖なる場所は、何か特別なものを想起させる。それは定義しづらいが、触ることができて現実に存在する。他の場所とは区別され、尊敬と畏怖の中心となるような性質をもつ。その神聖さは、自然や人間を超えているけれども自然や人間と密接に結びついた現象を連想させるところから生じる。普通、それは宗教によって識別されて、日常生活を超越する力をその場所に与えるような、霊的な信仰の体系と結びつきをもつ。その結びつきは、ときおり、あるいは常に、神や霊がそこに存在することからもたらされる。だからその場所は清められたのである。アメリカ先住民や中国の聖なる場所はこのような性質をもつ。歴史上の人物から霊的な性格を得た場所もある。ブッダ、イエス・キリスト、そして預言者ムハンマドと関連する場所は神聖であり、数十億人から尊ばれている。他の幾千の聖者や預言者が生まれた、あるいは死んだ場所も神聖なものである。それらの遺物がみつかった場所も同様である。キリストの十字架の釘、ブッダの足跡、ムスリムの聖者の遺体などがある場所は、それだけで神聖なものとなる。霊的な姿の出現によっても神聖な場所が生まれる。最もよく知られているのは聖処女マリアの出現である。そして最後に、治療や癒しをもたらしたり、何らかの方法で意識の状況に変化を引き起こしたりする場所も神聖なものとなる。

聖なる場所については、事実を論じるほかにもっと語ることがある。そのすべては宇宙観的な次元をもち、ミルチャ・エリアーデのような有名な宗教現象学者の叙述でも明らかにされている。エリアーデは、聖なる場所がもつ「聖なるものの顕現という性質」を強調する。(1) つまり、その場所を通して、聖なるものが自らを示す。その場所は現世内での宇宙観の中心となり、来たるべき世界への橋となる。つまり、存在の二つの領域が、分離しているとはいえ一つに合流して、普遍的に重要なテーマを描く小宇宙を創っている。

聖なる場所は参拝者を引きつける。少人数から数百万人に至るまで、参拝者は身体的かつ霊的な変容を期待して旅をする。聖なる場所を訪れるために犠牲を払うことによって、巡礼者は罪の赦しをみつける。ある定義によれば、巡礼者とは、巡礼に出ると決めて「自分の生き方の仕組みをいっさいこれに合わせていこうとする」人である。(2) 変容を期待して人生が組み換えられたのであり、それはつまり、すでに変容が始まっていることを意味する。

聖なる場所には、聖なる空間と考える方がいい形態もある。キリスト教の伝統のなかで、「教会」は信仰をもつ人々の共同体を意味する。この教会は、一緒に礼拝し、キリストの存在によって結びつけられている信者の集団である。この点でこの教会は可視的である。キリスト教徒がイエスの名で集うときにはイエスがともにいると信じられている。形而上学的なレベルでは、この聖なる空間は「キリストの神秘体」であり、宇宙的運命のなかで生者と死者の魂がキリストと結びつくところである。

他の宗教もそれぞれ独自の霊的空間をもつ。イスラム教は、ウンマとして知られる共同体意識によって維持されている。ウンマについて『クルアーン』は、包括的な社会的かつ文化的な力だと述べる。それは統治体であり、宗教であり、社会の習慣の全体であり、それぞれが互いに結びついている。さらに、それは最終的に神へと導く霊的な網のなかに全人類を包み込むことになる。

ユダヤ教は、キリスト教やイスラム教と同様に、川や山や政治体で区切られない一つの空間に存在している。ユダヤ教は、トーラー、タルムード、そして、攻撃されながらも宗教を実践しようとしてきたその歴史によって束ねられている。ユダヤ教の文化的共同体の基盤にあるのは宗教的な結びつきであり、さらに、家族のなかの世代間の紐帯、民族的かつ文化的な結びつきである。このために聖なる空間の感覚が、キリスト教徒やムスリム以上に歴史的かつ文化的な意味をもつ。言い換えれば、宗教心のないユダヤ教徒も、自分をユダヤ教徒だと考えるのである。

聖なる場所は、一般に宗教によって定義されるが、国民や政治や文化にとって重要な場所としても語られる。戦跡は市民にとっての聖なる地であり、たいていの国には、国民の生存という名の下に国民の感情を過去の巨大な犠牲へと向けさせる記念物がある。合衆国で最も尊ばれているのは、一八六一年から六五年にかけて国民を苦しませた南北戦争に関するものである。ゲティスバーグとアンティータムの戦場は、まぎれもなく聖なる感覚を意味する国民的記念物である。大統領のエイブラハム・リンカーンは「ゲティスバーグ演説」（一八六三年）により、瞬時に神話のような名声を得た。

私たちはこの戦争の一大激戦地に会している。私たちは、国民が生き永らえるよう生命を捧げた人々の最後の安息の場所として、この戦場の一角を捧げるためにやってきた。そうすることは適切であり正しい。しかし、さらに大きな意味では、この地を捧げることも、聖別することも、崇めることもできない。足すことも引くこともできない私たちの乏しい力をはるかに超えて、生残者と戦死者とを問わず、ここで戦った勇敢な者こそがここを聖別してきたのである。

どの国民にも自分のゲティスバーグ、自分の記念碑、そして言葉では伝えられない「さらに大きな意味」での記念碑がある。その場所は、ある国や政治集団の市民宗教にとっての神殿である。それは国民をつなぐ政治信条やイデオロギーへと感情を集中させる手助けとなる。それは畏怖と呪術と力を表現し、人々は根本から揺り動かされる。なぜなら自分の根本は、そこで起こったことに比べればほとんど意味をなさないようにみえるからである。これが聖なる場所の力である。

本章では、聖なる場所についての宇宙的な意味や形而上学的な意味ではなく、具体的な人間的表現に関心を向ける。まず一般的に大地を聖なるものとして尊ぶ文化から始めて、その後で、権力者や有力者が競いあう中心となった聖なる場所について分析する。

◆アメリカ先住民

南北アメリカの多くは先住民の聖なる場所で満ちているが、具体的な名称と場所はここ数世紀の間に失われた。先住民の宇宙観では、大地への崇敬が不可欠である。肉体的な生命も霊的な生命も、どちらも地から来て地に帰る。母なる大地、ゆりかご、そして墓場としての大地は崇敬されなければならず、それが先住民の生活の儀礼を支える。大地は神ではないが、神の起源となりうるし、神の住む場所となりうる。ある地が讃えられるのは、至高の霊と密接に関係するからである。

大地がもつ霊的な価値は、大地に対して先住民がもつ物質的な関係と関連する。生活の糧は大地を破壊せずに大地から得られたし、だからこそ、その霊的な価値を強調できた。動物界からはバッファローとシカが、植物界からはトウモロコシとタバコが用いられる儀礼は、最終的には大地を敬い愛することへと戻っていく。

トウモロコシは、霊と大地と共同体の関係を最もよく表す事例だろう。アメリカ大陸を原産地とするトウモロコシは、いくつかの理由から聖なるものである。神々が、人間を造るために様々な材料を試して、最終的にトウモロコシが最も良質なものをつくり出すことがわかったのだと、古代マヤでは信じた。トウモロコシが本来の母親だと信じる部族もある。トウモロコシは子を養うために自分自身を与える（肌から種粒を削りとる）からである。トウモロコシを産する大地は常に聖なるものである。南部メキシコの先住民は一九九〇年代にまさにこの点について論じ、自分たちのトウモロコシ畑が商用農地になるという脅威に対して一九九四年に抵抗に立ち上がった。トウモロコシは、かれらにとっての食べ物であると同時に、霊的な食べ物だったからである。

調和と均衡という目的によって、大地への認識が形づくられる。富や権力のために大地を使うことにより、大地の共同使用のうえに成り立っていた先住民の社会組織が傷つけられた。共同体は大地を共有し、大地の共有ができなくなれば生活が脅かされる。聖なる場所は、万物の本質を説明する宇宙観をしっかりと固定するのである。スー族の有名な戦士であり治癒者であるブラック・エルクは、大地との関係が変化した結果生じた深い悲しみを表現した。スー族が敗れバッファローを失った後の一八八〇年代のことである。

同胞たちはいまやみな灰色の四角い家に収まり、この飢えた土地のここかしこに散らばっていた。ワシチュー［白人］はその周りに一本の線を引き、そのなかにわが同胞を囲い込んだ。民の輪は壊れ、花咲く木の育つべき中心など、もはやなかった。人々は絶望していた。(3)

森羅万象の生命の環を失ったことで、霊的な絶望と物質的な絶望がもたらされた。一六世紀以降、ヨーロッパ人による植民地化に対する先住民の抵抗の多くは聖なる場所を守ろうとするものだった。この闘争は今日でも続いている。ユタ州にある砂岩の自然橋であるレインボーブリッジは、ナヴァホ族にとって特別な場所であり、宗教儀式を行う場所だった。合衆国政府は一九一〇年にこの橋をナショナル・モニュメントに指定した。一九六三年にグレンキャニオンダムが完成してからそこに行きやすくなった。このダムがコロラド川をせき止めたために、侵食が進み、観光客が増え、ナヴァホ族の儀式が妨げられた。この場所を保護するための法的な取り組みは失敗した。近代化の力、権力、鉱物、娯楽への要求があまりにも強かった。世界中の多くの民族集団にみられるように、ナヴァホの霊的な生命力はその聖なる場所が存続するかどうかにかかっている。

聖なる場所は自然につくられたものだけではない。メソアメリカの広い地域において、その昔の人々はすばらしい神殿を建てた。数百のものが発見され、いまや多くのものが復元されて、以前の壮大さをみることができる。テオティワカンは世界で最大のものの一つであり、メキシコ市から北へ五〇キロメートルほどのところに位置する。最も繁栄していたのは紀元五〇〇年頃で、二〇万人ほどが住み、当時は世界で最大の都市の一つだった。二つのピラミッド、つまり、太陽のピラミッドと月のピラミッドがそびえていた。人々の生活についてはほとんどわからないが、神々の畏怖させる力をピラミッドが伝えている。この都市は七世紀のある時期に影響力を失うが、この地域に住む後の世代の人々は、「神々の都市」として崇め続けた。

◆中　国

中国人は「気」と「霊」に基づく複合的かつ超自然的な制度を通して大地への結びつきを表現する。「気」は場所のエネルギーであり、「霊」は霊的な性質あるいは属性である。山、川、そして泉は、気と霊に恵まれることにより、身体的かつ心理的な安寧に影響を与える。古代の道教の知恵によって風水がつくり出された。それは気と霊と人間の生活を調和させる（専門用語では卜地という）。風水は森羅万象の秩序ある現実に基づく空間の諸関係を重視する。墓を掘ったり、家を建てたり、また、家具をおくときにすら、人々は地上にある線と軸に敬意を払うべきなのである。近年、風水は西洋の多くの国で流行し、ニューヨークの小さなアパートでの家具の配置からショッピングモールの計画まであらゆることに影響を与えている。

◆アフリカ

アフリカでのある一つの特徴は強調に値する。熱帯アフリカの多くで、聖なる場は、鳥、木、そして動物の崇拝と結びついている。これらの崇拝は、家や小屋などの小さくて目立たない数千もの神殿で行われる。神々の表象は、供物でいっぱいの入れ物とともに、これらの神殿の壁のくぼみや棚におかれる。それは数千もの崇拝者を収容する建物につくられるのではなく、「聖なる場所であり、信じていない者が入ってきたり触ったりしないための」特別な場所なのである(4)。

多くの文化では、ヘビが特に高く尊ばれる。光と闇の間を行ったり来たりするヘビの動きは、善と悪、生と死を象徴する。脱皮してふたたび肌が育つことは再生を示す。尻尾を飲み込み円をつくるのは、生の循環に似た形を示す。ある訪問者の描写は説明の助けになる。

ウィダー［ダホメ、西アフリカ］で中心的なヘビの寺を訪れた。修繕されていない泥壁に囲まれた小さな敷地で、向かいには大きなローマ・カトリック大聖堂が建てられたところだった（そこにはヘビを崇拝する者たちが司教に招き入れられていた）。敷地の隅にある丸い小屋に入る。中心となる聖所は小さな家で、外に開かれたベランダに出入り口があり、布で人目が遮られていた。祭司は自分から大蛇をとって訪問者にみせる。それは決して殺してはならないし、肉を食べるのはタブーである。大蛇に出会った人間は「私の父」と呼んで地面にくちづけをして挨拶する。祖先だと考えられているからである。そしてその祝福を求める。(5)

アフリカのまた別の聖なる場所は、驚異的な建築物という点でヘビの寺をしのぐ力をもつ。古代エジプトのピラミッドや遺跡があるナイル川流域、エチオピアのラリベラにある、ほとんど知られていないが壮麗な岩の教会、北アフリカ各地やサハラ砂漠にまで広がる諸々のモスク。石の壁と塔で造られた建築物群からなるグレート・ジンバブエからは、支配者と神々がアフリカ南部の各地へ勢力を広げた。

◆エルサレム

エルサレムほど長期にわたって歴史的に重要な位置を占めてきた場所はない。預言者イザヤは言う（『イザヤ書』六〇章）。

起きよ、光を放て、エルサレムよ、あなたに光が訪れ、主の栄光があなたの上にのぼったから。闇が地を覆い、もやが人々を覆う。しかしあなたの上には主がのぼり、その影響があなたの上にあらわれるのだから。

聖なる場所としてのエルサレムの歴史が明確に現れるのは紀元前一〇〇〇年頃である。ダヴィデ王として知られる強力な指導者と従者たちがエルサレムに入り、王宮と神殿を建設した。ダヴィデの息子ソロモンは、建物を完成させてエルサレムをユダヤ教の中心にした。信仰の絶対的な核は「至聖所」であり、高位の祭司だけが神殿の奥に入ることができた。ユダヤ教徒の宗教史で非常に強い意味をもつこの神殿は、紀元前五六二年にバビロニアの侵略者によって破壊された。

神殿は失われたが、エルサレムは永遠にダヴィデの都市、ユダヤ王国の首都となった。キリスト誕生の頃、ヘロデ大王の下で神殿の再建は実現したが、短命に終わった。一般に「嘆きの壁」と称される「西の壁」はこの第二神殿の唯一の遺物であり、古代の都市の聖なる栄光を強く思い起こさせるものである。

ユダヤ教徒の目からみるならば、エルサレムの歴史は、ダヴィデの時代からすべてが神の存在のしるしであり、ユダヤ教徒が神に選ばれし民だというしるしであり、その聖なる都とその地域すべてにおいて神がともにいるという約束のしるしである。土地へのこの情熱は、ヘブライ語の「エレツ・イスラエル」という表現に示されている。これは「イスラエルの地」、そして、救世主が現れて最終的に歴史の新しい段階へ導く「約束の地」、という両方を意味する。

キリスト教徒も歴史的かつ宗教的にエルサレムと強く結びついている。キリストの活動のなかでも、最後の日々、死、そして復活がエルサレムとその周囲で起こった。初期の「教会」はエルサレムにあり、そこから地中海世界へと広がった。だが、エルサレムでは、キリスト教はセクトの一つであり続け、しばしばローマ法によって迫害された。その結果、四世紀までのキリスト教の歴史では、神聖な場所を示す記念建造物がほとんど存在しなかった。

聖墳墓教会はキリスト教にとって最も重要である。今日の教会（何度も改装されたが）が、キリストの墓があったまさにその場所に建っているということは、考古学的な証拠によって明確に示されている。キリスト復活の後、墓は祈りと崇拝の場所となり、パレスティナ中から巡礼者を引きつけた。政治が介入したのは、一三五年にハドリアヌス帝がキリストの存在を消そうとしてこの場所にローマの保護者であるウェヌスの像を据えたときである。二世紀後にふたたび政治が介入し、コンスタンティヌス帝の下で、突然の建築活動によってキリスト教とエルサレムの関係が固められた。

コンスタンティヌスの母ヘレナは七〇代でパレスティナへ旅をして、キリストの足跡を追った。キリスト教徒にとっての多くの聖なる建物を造る際にヘレナが尽力したことはわかっている。イギリスの作家イーヴリン・ウォーは、一九五〇年に『ヘレナ』という小説で次のように書いた。「ヘレナは象牙の椅子を運び下ろさせて座り、一人の修道女に付き添われて、何時間も炎と煙とほこりのなかにいて、墓がみつかるよう祈りながら、働く男たちを見守っていた(6)」。それを発見すると、ヘレナは聖墳墓教会の建設に着手した。そしてまもなく、キリスト教地域の隅々から巡礼者がやってくることになる。聖墳墓教会の復活祭の礼拝では復活の聖なる典礼が繰り返される。冷たく暗い教会のなかで、奇跡によって灯されたロウソクをもって総主教たちと司祭たちがキリストの墓から現れる。暗闇から光へ進むにつれて、死から復活への変容が象徴される。

堅固な教会と静穏な会衆のおかげで、聖墳墓教会における教義と政治の差異が隠されている。多くのキリスト教信仰がこの教会の所有権を主張する。ローマ・カトリック、東方正教会、アルメニア使徒教会、〔非カルケドン派の〕シリア正教会、エジプトのコプト教会である。加えて、最近の一〇〇年間はエチオピア正統テワヒド教会も住み、礼拝を行っている。ここでまた示されるのは、場所、書物、儀礼で表現される教義の一体性が、過去の多くの時代にひび割れて分裂してきたことである。

エルサレムは、一五〇〇年にわたってムスリムにとっても聖なる場所であった。イスラム教にとってはメッカとメディナに次いで第三の聖地である。岩のドームは六九〇年にユダヤ教の神殿の地に建設され、伝説によれば、そこで大天使ジブリールが預言者ムハンマドを天国に連れて行った。アブラハムが息子イサクを神に捧げようとしたのと同じ場所である。ドームに記された『クルアーン』は物理的に遺された最古のものである。ドームは、モリヤ山という文字どおり岩盤の上に建てられていて、それはヘロデ王が建てた神殿の中央部に位置している。時期的にはまだ初期のことだったが、最古のユダヤ教とキリスト教の聖地のなかにイスラム教が持続的な権力をもつ宗教として現れたことを、岩のドームは強力に言明している。

◆メッカ

ムスリムは、メッカ全体が聖なる地だと信じている。それは預言者の人生によって、そして、ハラームつまり自然の一般的な法には属さない特別な性質によって、聖なるものとなった。メッカのなかで最も聖なる場所はカーバであり、「アッラーの家」と呼ばれる。

メッカを訪れることつまりハッジは、ムスリムの聖なる義務の一つである。ハッジについては、巡礼者が旅する月、過ごす日数、唱えるべき祈りまでも注意深く規定されている。一律にゆったりした白い服を来て、同じように断食する。巡礼者は収入、教育、民族などの点で、家に帰れば明らかに平等でないにもかかわらず、神の目からみて平等である人間の集団になるように、すべてが慎重に整えられて制御される。

イスラム教が普及するにつれて、巡礼の地理的範囲も広がった。各地を道が走り、町やオアシスの一つひとつがキャラバンサライとなった。そこでは、動物に餌をやり、人々が泊まり、モスクで祈り、スークで商業が発達した。この意味でメッカは最大のキャラバンサライであり、拡大する商業と交易の中心地であった。それはアラビア半島各地やさらに遠くから商人を引き寄せた。

他の多くの場所も巡礼者を引きつけた。キリスト教徒が聖者のゆかりの場所を訪れるのと同様に、ムスリムも聖なる人々の墓に旅する。最も有名なものはイランにある。シーア派は、シーア派を導くよう神に選ばれた初期の一二人のイマームを特別視する。かれらと後継者の墓は巡礼の場となり、神の介在を求める信者を引きつけた。それぞれにまつわる伝説が育ち、文化的な中心となった。同様のことが北アフリカのマラブーの墓にも起こった。神性をもつ人（スーフィーの神秘主義者であることが多い）が永眠する場所は、その知恵と霊性のために崇められた。

政治、戦争、そして宗教が構造的に交差して建築のなかに反映された場所もある。コルドバにある大マスジッド・アルジャーミーの歴史もそうである。このモスクの名声と壮麗さは地中海世界に広く知れ渡った。カリフのアブド・アッラフマーンが七八〇年に建設に着手し、キリスト教徒の進出によって一二三四年にコルドバが陥落するまで機能し続けた。ムスリムが占領するはるか以前に、ローマ人が神殿として使い、次に、西ゴート人が聖ビセンテ教会として再建していた。レコンキスタののちにスペイン人はふたたびカトリック教会にした。最も栄えていた頃、このモスクはメッカのモスクに次いで二番目に重要な位置にあったのである。

◆修道院

修道会の運動によってキリスト教の西進に拍車がかかった。修道生活は、祈りと瞑想と仕事に打ち込んで、物理的な意味でも文化的な意味でも社会を離れるよう男性女性に求める。この人々は、一人で、あるいは集団で、自らの「恐れを引き起こす神秘」を経験しようと努める。西洋文明や世界史の教科書には、聖ベネディクトゥスとその共同体の創設と、それに続くヨーロッパでの修道会運動の発展が記される。聖ベネディクトゥスが強調されるため、より以前に運動を始めたエジプトの聖アントニオスの影が薄くなっている。

聖アントニオスは二五〇年頃にエジプトに生まれた。砂漠の師父と呼ばれる人々の最初の一人である。霊的な感性を求めて砂漠にこもり、「最初の修道士」となった。孤独、祈り、そしてしばしば極端な禁欲主義は、修道院の伝統となる。最終的には、カイロとアレクサンドリアを結ぶ道の南にワディ・ナトルーンとして知られる修道院群を建てた。影響力をもつもう一人のエジプト人がパコミウスであり、生涯に九つの共同体を創始した。最大のものの一つはデンデラで、四〇〇年頃までに七〇〇〇人以上の修道士を抱えた。アントニオスとその後継者によってつくり出されたキリスト教の伝統は開花し、一〇〇〇年頃にはこの地域に五〇以上の修道院が開かれた。だがイスラム教の進出により衰微し、かなり縮小したかたちで生き残った。

ヨーロッパでは、修道院生活が政治組織によって支持され、真逆のことが起こった。ベネディクトゥスの時代から中世にかけて、修道院は聖と俗を混交させ、壮大な建築や学問や農工業の生産物を世に出した。中世の最大のものは、九一〇年にブルゴーニュに創設されたクリュニーの大修道院である。ベネディクトゥスに感化されたクリュニーの運動は急速に広がり、一五〇年後には一〇〇〇以上の修道院が西ヨーロッパに文化的な一体性をつくり出した。

女子修道院も含めて数千の修道院がヨーロッパ中を覆った。それぞれが、聖遺物、聖者の生活、あるいは処女マリアへの帰依などをめぐってつくられ、独自の重要性をもった。十字軍の期間には聖遺物の売買が盛んになった。想像できる限りのあらゆるタイプの宗教的な人工物を携えて、戦士や商人が聖地から帰還した。いずれも、持ち主によれば、奇跡的な力をもつ。教会が建てられるときにその名声を高めたのは聖遺物であり、近隣からも遠くからも巡礼者を引きつけた。

◆マリア信仰の地

キリストの母マリアへの崇拝は、遅くとも四世紀からキリスト教の伝統の一部となったが、広く普及するようになったのは中世のことである。キリスト教神学のなかでも、マリア論はマリアの力に対する信仰の現象ならびに研究であり、宗教改革後のカトリックで最も論争のある神学上の問題である。宗教改革の側の神学者は聖者とマリアの力を否定し、マリアの伝説に伴う彫像、絵、そしてメダルを嫌悪した。対照的に、カトリックのなかではキリストと並ぶ「共同救済者」へと昇格させる者もいた。大騒ぎが起こったにもかかわらず、カトリック教会のなかで一五〇〇年続いてきたマリアの地位が変化することはほとんどなかった。

ヨーロッパが南北アメリカへ拡大するにつれて、マリアも出現するようになる。多くの場合、南北アメリカの征服者「ラ・コンキスタドーラ」として言及され、その名はコロンブス、コルテス、ピサロと同列に並べられる。カリブ海の小さなサン・サルバドル島にコロンブスが上陸した一〇月一二日は「コロンブスの日」として祝われ、この同じ日に、スペインで最も盛大に祝われる聖処女の一つ、サラゴサにあるヌエストラ・セニョーラ・デル・ピラールつまり柱上の聖処女の祭りも行われる。これはより広大な計画の一部だった。コロンブスとその継承者は数百年にわたってマリアを崇拝し、合衆国南西部の不毛の砂漠からアンデス高地の国に至るまで、その名を呼んで出現を求めたのである。

聖処女たちが頼みを聞いてくれて、貧しい者を助け、病気を治してくれるたびに、文化的重要性が増していく。国民的なアイデンティティのシンボルに変容すると、宗教的な要請だけでなく政治的な要請にも寄与することになる。グアダルーペの聖処女はそのような事例である。公式に認められたのは一八九五年のことで、グアダルーペの聖母は「南北アメリカの女王」として教会によって戴冠された。特に一九一〇年のメキシコ革命での強烈な反教権主義によって政治的な議論の中心になったが、メキシコやより広い範囲での人気が弱まることはなかった。メキシコ人は北へ移住するときにもグアダルーペへの愛をもちこんだため、今日の合衆国では、奉納用のロウソクなどグアダルーペの絵が印刷された礼拝用の品物が、ヒスパニックの顧客をもつ多くの店で売られている。

その他、数百ものマリアの出現によって、それぞれの場所が聖化され、美しい聖堂や教会が造られた。フランスのルルド（一八五八年）、ポルトガルのファティマ（一九一七年）、ボスニアのメジュゴリエ（一九八一年）など、国際的に認められて、グアダルーペと同じくらいよく知られているものもある。キューバの守護聖人であるコブレの慈愛の聖処女は、国外ではほとんど知られていないが、カストロ体制下ですら文化的な象徴としての力を保っていた。

◆東洋の聖地

先述したように、アジアは聖なる場所で満ちている。寺院と巡礼者の数でインド最大のものは、ガンジス川の岸にある町ヴァーラーナシー（バナーラス、ベナレス）である。ガンジス川の聖なる水によって、そして、一〇キロメートルほど離れた場所でブッダが初めて説法したと信じられているがゆえに、ヴァーラーナシーは特別な場所となった。水に浄められることを信じて、ガンジス川で沐浴するために世界中から巡礼者がやってくる。

インド西部でジャイナ教寺院があるシャトルンジャヤにも言及しなければならない。壮麗で複雑な設計だけをとっても、これほど興味深いところは世界中でもそうみつけられない。シャトルンジャヤは中央の礼拝の場の周りに建てられた五〇〇の寺院からなる。そのすべては一つの壁で囲われている。一六世紀にムガルの侵略者はシャトルンジャヤを破壊したが、ジャイナ教徒によって壮麗な原形どおりに再建された。

アムリトサルのハリマンディル・サーヒブすなわち黄金寺院は、インドとパキスタンの国境という困難な場所に位置する。一六世紀末からシク教の霊的な故郷だった。静かな池に面し、巡礼者は訪れる前に身を清めて渡る。黄金寺院で外装が精緻に設計されているのとまったく対照的なのが、チベットの首都ラサにある、要塞のようないかめしい宮殿と寺院、ならびに、代々のダライラマの家であるポタラ宮である。ポタラ宮は一七世紀にまで遡ることができる。一〇〇〇ほどの部屋、霊廟、遺跡などが丘の斜面に沿って滝のように連なっている。

アジアの聖なる建築物にある種の一体性を与えているのが仏教寺院である。ブッダの死後、その人生と関連する遺物が重要になった。遺物を収蔵する場所となったのが仏塔（ストゥーパ）である。伝説によれば、紀元前三世紀の偉大なインドの統治者アショーカは三年で八万四〇〇〇を超える仏塔を建てた。仏教はインドで衰退するにつれて他の場所で発展し、仏塔がそのしるしとなった。大きさや形は様々である。パゴダは仏塔の一変形であり、東南アジアの至るところでみることができる、聖なる建築物の一形態である。

◈道と聖者

霊的なもの、商業的なもの、そして政治的なものを結びつけた道でよく知られているのが、サンティアゴ・デ・コンポステーラの巡礼路である。使徒ヤコブの遺骸の発見がその起源である。スペインの北西部ガリシアのローマ教会で活動していた人々が八一三年に発見したと伝えられている。その主張を裏づける根拠がなかったにもかかわらず、富者も貧者も聖ヤコブがスペインの守護聖人であり、その遺骸がコンポステーラにたどり着いたと信じるようになった。

これは思いがけない発見だった。あるいは慎重に計算されたものかもしれない。聖ヤコブは戦士と聖者の理想を結び合わせ、その後の八〇〇年にわたって、戦うキリスト教スペインの勢力拡大の象徴となった。スペイン人は、ムスリムと戦う際に、「ムーア人の殺戮者」聖ヤコブの旗を高く掲げた。アメリカで戦うときにもこの伝説はスペイン人を後押しした。どこへ行こうと、力強い白馬にまたがって戦闘へと導く聖ヤコブの像が報告された。たいていの戦いに勝ち進み、それによって聖ヤコブとその終の住み処であるコンポステーラの威信が高められた。

発見の知らせが広がると、サンティアゴ・デ・コンポステーラは、キリスト教のなかでエルサレムとローマに次ぐ第三の巡礼地となった。サンティアゴへの道は、ピレネーを越えて、スペイン北部の険しいカンタブリア山脈を横切って進む巡礼でにぎわうようになった。そしてこのルート自体が、霊的な運命へ巡礼者を運ぶという聖なる目的をもつ神性な道になったのである。

本章の最後に、スペイン文学の研究でよく知られているウォルター・スターキーの言葉を考えてみよう。サンティアゴ・デ・コンポステーラへ巡礼したときのことである。

しかしながら、私たちは感情や霊的な影響力を低く見積もりがちである。そのため、九世紀のガリシアで聖ヤコブの遺骨が発見されたときに人々に与えたものすごい影響を理解しがたい。それはまるで、輝く日光の世界へとさらわれ、魂をうっとりさせる新しい感情の霊感に導かれて、行動に備えたかのようだった。人々は上機嫌で勇壮に行動した。というのも、敗北だろうが死だろうが何も恐くなかったからである。(7)

これは、自分たちの「恐れを引き起こす神秘」の感覚を伝える力強い言葉である。次章以降でみるように、このような感情は帝国を建設し破壊する助けにもなった。

注

(1) M. Eliade, *The Sacred and the Profane: The Nature of Religion*, trans. W. R. Trask, New York: Harper & Row, 1961.〔ミルチャ・エリアーデ、風間敏夫訳『聖と俗』法政大学出版局、一九九〇年〕

(2) E・R・ラバンドの言葉であり、次に引用されている。R. Oursel, *Les pèlerins du Moyen Age: Les hommes, les chemins, les sanctuaires*, Paris: Fayard, 1963, p. 9.〔レーモン・ウルセル、田辺保訳『中世の巡礼者たち――人と道と聖堂と』みすず書房、一九八七年、三頁〕

(3) J. G. Neihardt, *Black Elk Speaks: Being the Life Story of a Holy Man of the OglalaSioux*, Lincoln: University of Nebraska Press, 1979, pp. 213–214.〔ジョン・G・ナイハルト、宮下嶺夫訳『ブラック・エルクは語る』メルクマール、二〇〇一年、三一七〜三一八頁〕

(4) G. Parrinder, *West African Religion: A Study of the Beliefs and Practices of Akan, Ewe, Yoruba, Ibo, and Kindred Peoples*, London: The Epworth Press, 1961, p. 60.

(5) *Ibid.*, p. 51.

(6) E. Waugh, *Helena: A Novel*, Boston: Little, Brown and Company, 1950, pp. 236–237.〔イヴリン・ウォー、岡本浜江訳『ヘレナ』文遊社、二〇一三年、三一八〜三一九頁〕

(7) W. Starkie, *The Road to Santiago: Pilgrims of St. James*, Berkeley and Los Angeles: University of California Press, 1965, p. 23.

第5章　帝国的拡大への道

「政治は宗教から切り離すことができない。宗教から切り離された政治は卑しくなる[1]」。マハートマー・ガンディー（一八六九～一九四八）の著作と政治上の経歴をこの信念が貫いている。ガンディーにとって、政治は生活の延長であり、有意義な生活はすべて宗教的である。宗教の根本的な純粋性と善が、政治をも含むあらゆるものに浸透せねばならなかった。

宗教と政治の一体性というこの信念は、ガンディーがインド解放の際に直面した大きなジレンマを表している。ガンディーは政治のセクト的な「集団主義」を嫌い、それが生をおとしめるとみていた。たいていの政治は権力、つまりその利用と濫用についてのものであり、それは結果として自分の宗教概念と対立する。ガンディーは、インドの「政治生活に霊的な意味を与える」と語り、そうするために、アヒンサー、つまり、非暴力に基づいてあらゆる生に敬意を払うよう求める古代からの概念を基礎に据えた。無抵抗不服従と訳されるサティヤーグラハは、正義と信頼と行動の方向を与える。政治に霊的な意味を付与することは、嫌悪と暴力、そして他者を管理することへの欲望を政治から排除することを意味する。このためにガンディーは、しばしば公式の政治、特に浄化できないような政治からは身を引いた。ガンディーは、自分が据えたきわめて高い理念に従って生きたからこそ、国民を独立へと動かし、世界を共感と賞賛へと動かしたのである。

ガンディーがうまく表現したように、宗教と政治は分けることができず、それは世界史によって確認できる。政治家や政治運動でガンディーの基準に倣おうとした者はほとんどいなかったが、たいていの場合、自分の政治活動に指針を与える一貫した原則と政策をもっていた。そして世界を組織する一つの正しい方法があるとして、その確信のうえで行動する意志があった。それゆえに支配者たちは、自らの道徳的かつ存在論的な確信に従って新しい政治組織をつくった。そして同じ過程の別の部分として、その敵対者は、別の秩序を必要と考える自らの正義の確信に駆り立てられて、存在する政治組織を覆すために戦って死んだのである。

宗教上の信仰は世界史の大気中に充満している。たいていの政治運動は、宗教的傾向を明らかにしていないとしても、ある程度は宗教的な動機に左右されるからである。ソ連のスターリンや中国の毛沢東、キューバのカストロなど、無神論者と宣言した者の行動ですら、宗教を根絶しようとしたという文脈のなかでのみ理解できる。

政治と宗教を分析する場合、因果関係と歴史的説明という問題を自覚する必要がある。政治学者は、宗教が第一の原因だという者を宗教の「本質主義者」と呼び、多くの力の一つでしかないとみる場合、「道具主義」とされる。別の方法で言い表すならば、生は複雑であり、しばしば隠れてみえない、あるいは、容易に理解できない陰影と相互関係に富んでいる。帝国の進路と宗教について議論するには、これを心に留めておくことが重要である。

◆キリスト教の拡大

キリスト教の興隆というよく知られた話から始めよう。それは、迫害された周縁的な信仰から皇帝の信仰になるまでに三〇〇年弱を要した。対立と順応の結果、コンスタンティヌス帝は三一三年に宗教的寛容を定め、三二五年にはニカイア公会議を開催する。これは、教義と信仰のジレンマを解決するために後々まで開かれ続ける公会議の第一回目であった。キリスト教と帝国の政治はさらに強く結びつき、三八一年にテオドシウス帝は、非キリスト教徒の臣下がすべて「狂人」かつ「異端者」だと宣言するまでになった。

ローマ帝国が弱体化しても、使徒ペテロとパウロの事業の伝統と、ペテロの継承への信仰（キリストが、教会を上に建てるべき「岩」としてペテロを指名し、教皇がペテロの権利と責任を受け継いだという信仰）が現れて、キリスト教はさらに容易に広まった。

紀元八〇〇年のクリスマスに行われた象徴的な行為によって、ローマ帝国末期から力を強めてきたものが何であるかが確認された。教皇が、カール大帝を神聖ローマ帝国の皇帝として戴冠させたのである。それが神聖でも、ローマでも、帝国でもなかったことは、多くの者がすぐに解説するところとなった。そこには八世紀のフランク人の多くの王による同盟（現代のドイツ）も含まれていて、この王たちは、教会と組むことが政治的野心に役立つことを理解したのである。

カール大帝の戴冠は教会と国家の連携を固めた。いまや政治的権威は、地上での神の代理から祝福され、霊的にも認められた。両者は互いの必要と利益に役立つように行動した。このことが実際に政府の活動にとって何を意味したのかを算定するのは難しいが、その後一〇〇〇年にわたるヨーロッパの政治で、王権の「神授」説は政治的野心を支えた。両者の融合の度合いは個人によって異なり、独自の霊感によるものである。これは預言者の名により統治したイスラム教世界でのカリフについても同じようにあてはまる。

教会と国家を統合するという思考を受け入れた者はほとんどいなかった。聖アウグスティヌスは『神の国』で、人の国と神の国は分離しているが、密接につながっていると記した。人の国は神の国を支えるが、常にその下位にある二次的な道であり、決して神の国と競うことはない。歴史は人の欲望と行為の表現であり、それは神の恩寵と永遠の生命の約束というさらに広い文脈のなかで演じられる。もちろんアウグスティヌスの思考を適用するなかでもいろいろなひねりがあり、自分が神であるかのように振る舞う中世の王もいた。

ビザンツの歴代の皇帝も多くの方法で教会を支えたが、教会が独立した政治的権威となることは否定した。歴史家は「教皇皇帝主義」という用語を使って、ローマに比べて国家が教会に対して大きな力をもっていたことを示唆する。一二世紀の年代記の筆者によれば、イサキオス二世アンゲロスは、この信念の極端な視点を次のように表現した。

地上において神の力と皇帝の力に違いはない。君主は望むことをする権利がある。そして、躊躇なしに、自分に属することと同じように、神に属することを利用するだろう。というのも、皇帝に叙任したのは神なのであり、神とその人物には何の違いもないからである。(2)

教会の総主教は、国家の従者として仕えた。この帝国が霊的な面で最も華麗に成功したのは、北への拡大、つまりロシアにキリスト教の基盤を築いたことだろう。九八八年、キエフの聖ヴォロディーミルは、キリスト教（正教）がその地の宗教になると公式に宣言したのである。

◈イスラム教の興隆

アラビア半島の砂漠地域で力を増した新しい宗教運動は、すぐにキリスト教の政治的優位に張りあうほどになった。ムハンマドの死後、六三二年にアブー・バクルが初代カリフとして指導者の座についた。バクルは戦いを続け、共同体を維持し拡大するための同盟をつくり出した。二代目と三代目のカリフも、メッカの強力なウマイヤ家の一員だった。後者は六五六年に殺され、アリー・イブン・アビー・ターリブが第四代カリフとなるが、アリーも同様に殺された。対立と暴力が初期のイスラム教の歴史に汚点を残しているが、急激な拡大が妨げられることはなかった。

対立と陰謀は、ムスリムが強力なウマイヤ朝とアッバース朝を築いてからも続いた。外に向けては一体性を示したが、キリスト教世界と同じように、それは戦利品と領土のための競争を覆い隠していた。派閥争いにもかかわらず、ムスリム世界ではイスラムの家つまりダール・アルイスラムが信じられた。これは聖なる家であり、預言者の法と伝承に従うことによって神意が実現される場所である。対照的に、戦争の家つまりダール・アルハルブは外部の者の領域である。外部者は脅威をもたらし、対立と戦争を引き起こす。多くの社会に共通するように、この神学的な二重性によって領土拡張が正当化され、見知らぬ地に行く戦士や預言者は強く冷酷になる。

イスラム教は、すぐに地中海世界の多くにまで広がった。この拡大は歴史上の壮大なドラマの一つであり、研究者たちはいまだにその説明に苦戦している。有名なヨーロッパ中世史家のアンリ・ピレンヌは、この拡大の二つの点を強調する。第一に、ムスリムは、あらゆることを採用して借用した一方で、取り込んだ人々の宗教を取り入れることはせず、イスラム教に固執した。その理由は「新しい信仰によって高められた」からである(3)。ピレンヌはまた、ムスリムが地中海を掌握したことによって、最終的に過去との断絶が生じ、ヨーロッパ文明の軸が北に動いたとも論じた。帝国への望みは消え、ローマ教皇はコンスタンティノープルからさらに距離をとり、北方に現れてきた国家と同盟を結んだ。カール大帝の戴冠はこの流れの頂点となった。

この時期の拡大について、ムスリムの解釈は異なる視点をとる。エジプトの研究者で神学者でもあり、広範囲の読者をもつサイイド・クトゥブによれば、イスラム教の普遍性が重要であり、拡大と、拡大で敵対者と直面するという神意が重要だった。

それゆえに、これらの政治勢力は破壊されねばならなかった。人々の間で真の信仰への寛容があり続けるために。……イスラム教の征服は戦争の集積ではなく、のちの世紀の植民地化の試みのような植民地獲得の制度でもない。それは単に、イスラム教がもたらした新しい概念と諸国民との間に立ちはだかった物質的かつ政治的な対立を取り除くための手段だったのである(4)。

◆十字軍

ヨーロッパと中東では、「十字軍」と呼ばれる文化的、商業的、そして軍事的な一連の対立抗争のなかで、キリスト教徒、ムスリム、そしてしばしば偶然の結果としてユダヤ教徒が関係をもつことになった。十字軍には四回の大きな波があった。セルジューク朝の攻撃に対する防衛を援助するようコンスタンティノープルから求められて、教皇ウルバヌス二世は、第一回十字軍（一〇九六～九九年）に着手した。一〇五四年に東西教会へと公式に分裂したキリスト教世界を、十字軍によって再統合するという政治的な野心も働いた。第二回十字軍（一一四七～四九年）は、聖地に巡礼したいというフランス王ルイ七世の強い願望から始まった。これはちょうどエデッサの十字軍国家が陥落した時期と重なっていた。第三回十字軍（一一八九～九二年）は、エルサレム王国が弱体化したことから始まった。そしてある程度の軍事的な成功を収め、キリスト教徒によるエルサレム支配を固めた。そして最後に、第四回十字軍（一二〇二～〇四年）はコンスタンティノープルを占領し、一〇〇年前の第一回十字軍の夢を実現した。

これらは、教科書にみられる古典的なアウトラインである。だが、スペインのレコンキスタつまり再征服も、一つの十字軍と呼ぶことができるかもしれない。それは、八世紀から一五世紀までイベリア半島の生活を形づくった、散発的な攻撃と戦いの連鎖である。さらに、アルビジョワ派（カタリ派）として知られる異端の動きへの攻撃もそう呼べるかもしれない。かれらはキリストの神性を否定して、天国に入るために極端な禁欲を求めた。教皇インノケンティウス三世は、アルビジョワ派に対して十字軍を派遣し（一二〇九～一二二九年）、ドミニコ会が異端審問を組織した。

残虐性が十字軍の時代の秩序となった。第一回十字軍の大きな悲劇は、無防備な共同体の虐殺だった。それはラインラントのユダヤ教徒の町から始まる。十字軍参加者が旅を始めるときに、キリストの死に責任があるとして、無実のユダヤ教徒を略奪し殺したのである。そのとき教会はこの行為を非難したが、多くの者がユダヤ教徒をキリスト教への脅威と考え続けた。

歴史家はしばしば十字軍を、権力と富を得るための国家と商業の問題ととらえるが、十字軍参加者は、聖墳墓の場所から不純な悪を追い出さねばならないという神聖な召命によって駆り立てられ、十字架と旗を掲げてヨーロッパ各地から集まった。十字軍は、生を充実させる機会を魅惑的に約束する究極の巡礼だった。第二回十字軍を促した聖ベルナールはこう話した。「神が選ばれたこの年に生き、このような豊かな恩恵にあずかる機会を得た世代を、祝福された者たちと私は呼ぼう。この祝福は全世界に広まり、全世界が不死のしるしを得たと考えられる(5)」。

◆イスラム教の再拡大

旧来のカリフ制が崩れたことで、普遍的な支配という主張は終わりを迎えたが、イスラムの家の拡大が途絶えたわけではなかった。ムスリムの力と威光の新たな中心として三カ所が世界の舞台に現れた。バルカンおよび中東のオスマン朝、ペルシアのサファヴィー朝、インドのムガル朝である。これら三者は、政治的な一体性を強調しすぎる表現だが、いずれも帝国と呼ばれる。

西方では、旧来のカリフ制の耐久性を超える政治組織をオスマン帝国がつくり出した。オスマン朝は何世紀もかけて力を蓄えた後、一四五三年にコンスタンティノープル（イスタンブル）を占領してから急速に名が知られるようになった。その機動的な攻撃力（イェニチェリ）によって中東のほとんどを権力下においた。この拡大は、抵抗が弱かったことからも部分的には説明できる。アッバース朝のカリフ制が一二五八年に崩壊した後で宗教復興運動が広がっていたことによる説明もある。スーフィズムは、法や行政上の争いによって力を失ったイスラム教が復活するのを助けた。歴史家ウィリアム・H・マクニールは、さらに進めて、「スーフィーの神秘主義者がムハンマドの教義に加えた新しい力」によってこの拡大がもたらされたと説明した。(6)

オスマン帝国は五〇〇年の統治期間を通じてヨーロッパ列強と戦った。ヨーロッパのなかでは、アドリア海東岸つまりバルカン半島からハンガリーへと深く入り込むことに成功した。オーストリアにまで到達し、一六九九年にカルロヴィッツ条約が結ばれるまで、中央ヨーロッパを脅かし続けた。オスマン帝国が最終的に消滅したのは第一次世界大戦後のことである。

オスマン帝国の東側では、また別の強力なイスラム教国家が勃興した。サファヴィー帝国として知られる国家は、イスマーイール・サファヴィーとして知られるシーア派の宗教指導者を中心に組織され、一五〇一年から一七三二年までペルシアを支配した。指導者たちは宗教的純粋性に強く駆り立てられ、スンナ派のムスリムも含めて信者でない者を罰し、一枚岩の王国をつくろうとした。現代イランの文化と政治はサファヴィー朝の遺産を多く受け継いでいる。さらに東側には一六世紀にムガル帝国が現れた。ムガル朝は、他の二つの帝国に比べて寛容で開放的という特徴があったが、イスラム教がその後もインドで強い基盤をもつことを確実にした。

十字軍以後のムスリムの拡大は三つの帝国にとどまらなかった。アフリカでは、アラブ商人と伝道者がサハラやさらに南に向かった。マリのトンブクトゥは、イスラム教文化と学問を主導する中心地となり、アフリカでさらにイスラム教を広める支えとなった。

◆アジアでの諸傾向

表面的には、アジアの諸宗教は十字軍や伝道の伝統が欠けている点で、キリスト教やイスラム教と対照的に思える。一つの説明としては、核となる非暴力の信仰があげられる。アヒンサーつまり不殺生は、厳格な禁欲主義によるもので、最も信心深い聖なる男女によってのみ達成されるが、その影響はヒンドゥーと仏教の文化に広く浸透した。

アヒンサーへの傾倒があるからといって一つの統合されたヒンドゥー教がつくられるということはなかった。核となる宗教思想に基づいて一つの国家がつくられることもなかった。ただし異なるレベルで、インド社会を安定させる一つの構造をもたらした。ブラーフマナは、政治と宗教での影響力においてイスラム教のウラマー、ユダヤ教のラビ、そしてキリスト教の聖職者ならびに神学者に匹敵する。重要な違いは、それがカーストつまり特権層であり、その力が伝統と宗教によって定められていることである。王や支配者が替わろうとも、ブラーフマナは力をもち続けた。ブラーフマナは、すべての生命を治める普遍的な力であるブラフマンが、自分たちの起源であると主張する。戦士と王族はブラーフマナの助言と儀礼の執行を頼りにし、それらは社会秩序が存続することを保証した。三二〇年から五三五年のグプタ帝国の間にブラーフマナの権力が据えられて、カースト制は広がり固まっていった。インドでは皇帝とブラーフマナが、ヨーロッパでは皇帝と司教が、政治と宗教の統合を後押ししたのである。

アヒンサーが説かれているからといって、宗教を推進したり破壊したりするのに支配者が暴力を使わなかったわけではない。最もよい例として、インドの外へと急速に広がった仏教をあげよう。中国の梁の武帝（位五〇二〜五四九）は仏教を受け入れ、家族と宮廷に強制し、さらに、他の宗教を弾圧する運動を率いた。はじめ仏教は、中央アジアからの商人や移入者たちを連想させる卑しいものだったが、いまや南部の教養ある豊かな政治指導者が支持するようになり、北部への影響力を広めるために利用された。

政治的成功は失敗へと転換するものであり、それもふたたび移り気な国家によって決められた。九世紀、中国では仏教が好まれなくなり、迫害を受け、寺院を失った。仏教は、伝統的生活を脅かす外来のものとみられた。二〇世紀には、そしてそれまでの間も時々、仏教は宗教政策の結果として苦痛を受けることになった。

◈南北アメリカの諸帝国

一四九二年より前、多くの先住民の集団は、原始的な宗教を初歩的な形態で実践していた。精霊信仰により統治され、シャーマンに頼った。一方で、複雑で込み入った宇宙観を信じる者たちもいた。それは聖職者層だけが理解でき、高度に組織された政治と軍事の官僚制によって補強された。アステカ帝国やインカ帝国は後者の例である。

帝国という言葉は誇張かもしれないが、それはまさに、宗教の信仰にかなりの重きをおいて、多様な人々と大地とを統治した制度を意味する。太陽と戦いを司る強力な神ウィツィロポチトリは、確実に太陽が昇って空を横切ることができるようにするために、人間のいけにえを求めた。対照的に、ケツァルコアトルは、血のいけにえに反対した。メキシコの皇帝は、ケツァルコアトルを祖先とすることで神であると主張し、それによって過去との継続的なつながりを打ち立てた。古代メキシコの宗教的遺産を相続することにより、政治的な正当性がもたらされたのである。

インカには独自の神々がいた。神々の中心は創造神ビラコチャである。皇帝は、ビラコチャの顕現であり太陽神でもあるインティを通して神性を主張した。皇帝の政治権力は、ミイラ信仰を通して死後も続いた。死去した皇帝は、帝国の進路について忠告を得るための神託の一種として保存された。この行為を通して、生者と死者、精霊の世界と政治の世界の連続性が維持された。

探検者と植民者がキリスト教を導入して以降、南北アメリカのすべての宗教は強力な挑戦に直面した。三〇〇年以上にわたってスペインとポルトガルは南北アメリカで植民地体制をつくり、それは教会と国家の近さを明らかにした。初期に、フランシスコ会、ドミニコ会、アウグスティヌス会などの修道士は、村から村へ歩いて福音を説いたことから、托鉢修道士としてしばしば言及される。一五五〇年代にはイエズス会が到着し始め、帝国の辺境に自らのなわばりをつくった。たちまちのうちにイエズス会は行政官と教師としての能力で知られるようになった。

一七～一八世紀に、伝道者は定住地の外に出て、本来の意味での「伝道所」を建てた。一般に帝国周辺部の伝道所では、宗教と世俗の機能が結合していた。そこは農場、学校、病院、そして信仰普及のための戦略的な拠点となった。伝道者を守る兵士が駐留する砦プレシディオに守られる場合もあった。伝道所は村、町、都市へと成長した。カリフォルニアのものが最も有名で、サンディエゴから、ロサンゼルス、サンタバーバラ、そしてサンフランシスコへと北へ伸びていった。

在俗の司祭、司教、そして大司教は、修道士とともにやってきて、植民者の魂の面倒をみることをおもな任務とした。イベリア半島と同様に、教区や司教区へ組織されて、俗界の官僚と密接に協力して働くときもあれば、資源と権力をめぐって競合することもあった。だが、教会と国家の区分けは、ヨーロッパ人と先住民を分けていたものと比べると影が薄かった。スペイン人は「スペイン人の共和国」と「先住民の共和国」の間の違いを、つまり、信仰、文化、言語で区分される世界の違いを強調した。ヨーロッパの伝統が優越しているというこの信念のために、先住民とその信仰を統制するというスペイン人の意志が固められたのである。

フランスは北アメリカの大半で類似の手法を用いた。フランスのカトリックはケベックに最も深く根を張った。伝道者は先住民の改宗を進めた。イエズス会士のジャック・マルケットは、ヒューロン語とそこから派生したいくつかの言葉を身に付けて、はるか西のウィスコンシンまで旅し、さらに、ミシシッピ川まで続く河川に沿って南に向かい、行く先々で福音を説いた。

イギリス人のアメリカでの宗教史はまた異なっていた。一六世紀と一七世紀のイギリス政治によって重要な背景が与えられた。カトリック、聖公会（イングランド教会）、そしてより極端な政治改革を求めるピューリタンなどの強力な集団をめぐって、イギリスで闘争が二〇〇年続いた。この闘争は、一六八九年の権利章典で頂点に達する。聖公会が第一の地位を得て、以後カトリックは君主になれないことが記されたのである。

北アメリカの海岸地帯にあるイギリス植民地でも宗教対立は消えなかった。一三のうち九の植民地は、しばしばカトリックを直接名指した差別的な法を制定した。異なる信仰をもつ入植者が増えるにつれて、法的に寛容を求める徴候が姿を現した。メリーランドでは、カトリックの側が一六四九年に寛容法を提案したが、失敗に終わった。ジョン・ロックが起草した一六六九年のカロライナ憲法は大きな成功を収めた。しかしながら、どちらもキリスト教の枠組みのなかだけの存在であり、先住民、アフリカ人、そしてムスリムの宗教はほとんど認めなかった。

このような限界と制限にもかかわらず、政治理論は、民主的な社会をつくる基本的な要素として、宗教的自由を認める方へ動いた。イギリス（そして後には新たな独立政府）が国家宗教を強制するかもしれないと植民地が恐れたことも理由の一つとしてあげられる。国家宗教への恐れは、合衆国憲法修正第一条で表面に現れた。「議会は、宗教の国定化に関する法律をつくることも、宗教の自由な実践を禁じる法律をつくることもできない」と宣言する。国家と教会の分離への試みではなくて、連邦が特定の宗教を支援することの禁止であり、宗教を使って個人や集団の自由を否定することの禁止である。実際のところ、これは宗教から国家を守るのではなく、国家から宗教を守ることを意図していて、各州の力を増し、連邦政府の影響を制限することになった。

◆復活した伝道のエネルギー

政治の領域で宗教が弱まったからといって、熱心な伝道が消えたわけではない。その力の多くは古代ユダヤ教の契約の信仰に由来する。この信仰は、ピューリタン、聖公会、そして他の宗教集団の信徒も、南北アメリカへの入植時に心に抱いていたものだった。そこには神との特別な関係が市民の運命を導くという確信があった。その信仰は伝道活動のなかに姿を現している。

普通、伝道者は、キリスト教が植民地の人々への贈り物だと吹聴した。当時の文化では、キリスト教が唯一の適切な宗教であるという確信を疑う姿勢はほとんどみられなかった。コロンブスからこの方、西洋文明は、伝道者、説教師、政治家、そして植民者と協調して進み、いずれも自分の文化の優越性を証明するものとして十字架と『聖書』を利用した。

この主張は全般的に維持されたが、言及に値する多くの例外もある。ウィリアム・ハウイット（一七九二〜一八七九）は、多くの読者を得た本のなかでキリスト教の濫用に対して声をあげた。本の目的は、「世界がこれまでに目にした最も大規模で並外れた犯罪の制度を公衆に明らかにすることである。それは三〇〇年以上の間十二分に運用され、いまでも衰えていない悪の行為である」[7]。ハウイットは章ごとに、スペイン、ポルトガル、フランス、オランダ、そしてイギリスの植民地における「キリスト教徒」の背信行為を明らかにする。キリスト教徒による植民地化を「恥」「無慈悲」「貪欲」と記す。惨事を繰り返し並べていくなかで英雄的な人物はほとんど現れない（パラグアイのイエズス会は例外である）。だが結論に至ってハウイットは気を取り直す。誤りのもとはヨーロッパ・キリスト教文明の濫用と曲解にある。それゆえ、キリスト教とそれを生んだ西洋文明には世界を前向きに変えていく潜在力があるという。

そして、この信念があったからこそ、伝道者は野へ向かったのである。有名な研究者で音楽家、教師、そして伝道者でもあるアルベルト・シュヴァイツァー（一八七五〜一九六五）は、打ち消すことができない内的衝動によってアフリカのジャングルへと召命を受けた。コンゴへ伝道が必要だという『福音伝道誌』の記事を読んで、明瞭に「主の呼びかけ」が聞こえたという。そして「すぐに仕事にとりかかった。私の模索は終わった」。この呼びかけの結果をどう解釈するかは様々である。シュヴァイツァーを植民地主義と帝国主義の代理人とみる人もいる。無辜《むこ》の者たちに、経済と政治の不公正な制度の一部として、見知らぬ宗教を押し付けた代表なのである。一方で、平和と正義と発展を文明の隅にまでもたらす運動の献身的な先駆者とみる人もいる。シュヴァイツァー自身も、伝道の仕事に関わる問題や議論を知らなかったわけではない。地球規模の経済制度によって、アフリカがすでに「自由を失った」と認識していたのだから。(8)

ムスリムの伝道者も改宗する人々を探した。特に一九世紀には、東アフリカでも西アフリカでも通商しようとするときに改宗を働きかけた（一九世紀の東アフリカで奴隷貿易を中心的に支えたのはアラブ人だった）。強力な政治体をつくろうと試みる部族長の気に入ることもあった。イスラム教における法の重視、ならびにウラマーの役割は、国民国家をつくるための枠組みを与えた。このような努力には多くの成功例もあるが、キリスト教に匹敵するものではなかった。一九世紀から二〇世紀初期の宗教史では、キリスト教の諸国家がもつ地球規模の経済力のおかげで、キリスト教が他の宗教よりも重要な位置を占めることが保証されたのである。

◆二〇世紀の国家形成

宗教は二〇世紀の国家形成に強い影響を与えた。ムスリムは、インド独立の過程の一歩一歩で影響を与えた。まず初期に、ムスリム連盟を結成した（一九〇五年）。それは結局、独立したパキスタン国家の形成を求めることになる。一九四七年にインドが独立すると、西パキスタンと東パキスタンからなるパキスタンも独立した。東パキスタンは西パキスタンとは文化と宗教がかなり異なったため、一九七一年に分離し、バングラデシュとなった。独立時、両者はムスリム国家となり、インドは世俗国家となった。アラブ諸国の多くは二〇世紀後半までイスラム教と結びつき、それを国民の宗教と宣言したものも多い。また別のよく知られた例としては、スペインのフランコ政権や一九六〇年代までのケベック政府に対するカトリック教会の支援や、アイルランドと北アイルランドでのカトリックとプロテスタントの衝突、一九九〇年代のバルカン諸国の形成におけるイスラム教とキリスト教の対立などもある。多くの興味深い事例のなかで、国家神道と日本の興隆、そしてシオニズムとイスラエルの建国は特に言及に値する。

◈国家神道

日本は宗教に支えられて近代へと歩みを進めた。一八六八年〔明治維新の年〕の後、国家神道が興隆し、以後、「祭政一致」がこの新しい制度を説明する一般的な用語となる。この表現は、儀式と統治の一体性を意味した。鍵になるのは天皇であり、その神性と統治への権限を、歴代の天皇と共有した。神道の伝統は国家の存在理由かつ存在目的となり、国家は、日本人の生活に欠くことができない聖なる場所と儀式を維持する責任を有した。これは一八八九年の大日本帝国憲法の第一条にまとめられた。「大日本帝国は、世代が永遠に途切れることのない天皇の系統によって支配され治められる」

〔原文：大日本帝国ハ万世一系ノ天皇之ヲ統治ス〕。天皇は日本の歴史を体現するものとして崇拝された。

日本のナショナリズムは、始原のカミに由来する国民の魂あるいは霊への信仰に基づくものだった。国民とは、日本人の経験の本質を理想的に達成するものであり、途切れることのない天皇の系統によって支えられる。この魂は内に対しても外に対しても向けられる。一九三〇～四〇年代に東アジアを侵略したのは「聖なる戦争」であり、より不運な者たちに日本的な生をもたらすという独自の善意による目的があった。特に日本の政治組織は神に命じられたもので、最も完全な統治形態であり、世界的な影響力を運命づけられていた。この点で、そのイデオロギーは一九世紀の合衆国のマニフェスト・デスティニーと似ていた。

西側連合国は第二次世界大戦で日本を破ったとき（一九四五年）、天皇が神性を棄てるよう、そして、神道への国家支援をなくすよう求めた。神道は他の宗教と対等になった。だが数千の神社のなかで今日も存在し続け、特定の日には信者を集めている。

◈シオニズムとイスラエル

イスラエル国家の形成は近年の宗教史のなかで最もよく知られているようで、おそらく最も理解されていない出来事である。イスラエルがユダヤ教の象徴であることはあらゆる場所で理解されているが、逆説的なことに、イスラエル国家は、一九世紀に現れた新しい形態の世俗的なユダヤ教のおかげで誕生したのであり、今日のイスラエルで非常に目立つ正統派のユダヤ教のおかげで誕生したのではない。

一九世紀のユダヤ教は、キリスト教徒同様、世俗主義の衝撃を感じた。科学、技術、産業、そして都市化が一緒になって、伝統的価値観を掘り崩した。正統派は、ユダヤ教徒を苦しめてきた災いが、神との契約を破り、神による戒律に敬意を払わなかったから生じたと宣言した。世俗主義者は逆の極端な主張をした。もうユダヤ教の霊的な意味を信じず、多くの儀礼と実践をやめていたが、ユダヤ教徒の歴史的なアイデンティティを信じることはやめなかった。その一人はテオドル・ヘルツルで、ジャーナリストであり、一八九六年にユダヤ教徒の国家の設立宣言である『ユダヤ国家』を著した。ヘルツルはこの著作について、ほとんど神秘的といえる叙述を日記に遺した。

大部の作品に向けてときに一心不乱に仕事をしてきた。いまになっても完成できるかどうかはわからない。そこには素晴らしい夢が含まれる。何日も何週間も、私は意識の限界までそれに満たされていた。それは、どこに行くにもついてきて、日常会話の後ろにつきまとい、新聞雑誌に向けて滑稽な小文を書いていると肩越しにのぞきこんで、私を圧倒し、私を酔わせる。(9)

ヘルツルは、一八九七年に第一回シオニスト会議を組織し、そこから世界シオニスト機構が生まれた。シオンとは、具体的には、エルサレムのシオン山と、エルサレム市、そして神殿の山を意味した。これは、パレスティナにユダヤ教徒の新国家建設を求める政治運動にとって理想的なシンボルだった。

二〇世紀初頭までにシオニズムは世界のユダヤ教徒の多くを結びつけ、ヨーロッパと合衆国では国際的な支援を得た。イギリスはバルフォア宣言（一九一七年）で「パレスティナでユダヤ教徒のナショナル・ホームの設立」を支援すると約束した。すぐにユダヤ教徒がパレスティナに流入した。第二次世界大戦の後、ホロコーストという大破局にも応じるかたちでシオニズムは新たに支援を受け、一九四七年にパレスティナをユダヤ教徒の国家とアラブ人の国家に分けることを国連が認め、一九四八年にイスラエルは国家となった。

イスラエルは誕生したときから攻撃された。一九四九年初頭の軍事的成功によっても永続的な平和はもたらされず、一九六七年にはエジプト、イラク、ヨルダン、そしてシリアが連合して強力な軍隊でイスラエルを攻撃した。イツハク・ラビン将軍がイスラエル側の攻撃を率い、アラブ人勢力を奇襲攻撃で敗退させ、次の一九七三年にも勝利した。これによってイスラエルの宗教的な運命という感覚が育った。神は圧倒的に不利な立場から国民を救い出し、ホロコーストが繰り返されないことを保証した。あがないと記憶、敗北からの勝利、そして歴史の一部としての神話、このすべてが軍事作戦と勝利のなかで混ざりあった。

国民的一体性の強力な感覚は、近年のユダヤの政治を理解する鍵である。単純化しすぎる危険を冒していうならば、政治は二つの主要問題の周りをめぐっている。ユダヤ教正統派と、大イスラエルの運命への信念である。ユダヤ教の性質をめぐって、そして、国家がどこまでユダヤ教の実践と習慣を強制すべきかをめぐって、現在も闘争が続いている。国家はすでに正統派の多くの実践を支援し、例えば土曜日と宗教的な祭日に国家のサービス（交通など）を規制している。加えて、すべての結婚と離婚はラビの管轄下にある。最近の議論の核は、この関係の継続についてではなく、その固定化である。ここからは、誰がユダヤ教徒なのか、それを誰が決めるのか、そしてユダヤ教徒はイスラエルでどのように生きるべきかという問題にまで行き着く。

第二の問題に対しての方が、国際社会の関心が高い。イスラエルは拡張主義を続けるのか。一九六七年のイスラエルは、あるかもしれない攻撃を緩和するために領域を拡張するという政策を戦略として採用した。具体的には、領域を獲得して、パレスティナ人が権利を主張する土地への入植事業を徐々に進めた。「大イスラエル」の道筋は、より大きなイスラエルがより強いイスラエルになるという信念と、古代ユダヤ王国の神話とに基づく政治目標を抱く人々と相性がいい。

上記の例は紛れもなく宗教の影響力を示している。道徳的かつ存在論的な見方への固執は、国家形成という政治的な、そしてときに軍事的な行動へと翻訳された。宗教の影響力を縮小しようとしている現代の世俗的な社会ですら、「道徳的視点」は、ときに狭く解釈されるとはいえ、選挙と政治問題に影響を与える。政治と宗教は、短い棒でつながれたバーベルの両端である。取り外したり、別々に保管したり、分析したりすることはできるが、実際には普通、固く結びついている。

注

（1） M. Gandhi, *The Moral and Political Writings of Mahatma Gandhi,* ed. R. Iyer, vol. 1, Oxford: Clarendon Press, 1986, p. 374.〔一九一五年四月二七日、マドラスのＹＭＣＡでの演説より〕

（2） A. A. Vasiliev quoted in R. L. Bruckberger, *God and Politics*, trans. E. Levieux, Chicago: J. Philip O'Hara, 1971, pp. 79-80.

（3） H. Pirenne, *Mohammed and Charlemagne*, trans. B. Miall, New York: Barnes and Noble, p. 150.〔アンリ・ピレンヌ、増田四郎監修、中村宏・佐々木克巳訳『ヨーロッパ世界の誕生――マホメットとシャルルマーニュ』創文社、一九六〇年、二〇八頁〕

（4） S. Qutb, *Social Justice in Islam*, trans. J. B. Hardie and H. A. Oneonata, NY: Islamic Publications International, 2000, pp. 198-199.

（5） T. Merton, *Mystics and Zen Masters*, New York: Oxford, 1967, p. 105.

（6） W. H. McNeill, *A World History*, New York: Oxford, 1979, p. 245.〔ウィリアム・H・マクニール、増田義郎・佐々木昭夫訳『世界史』中央公論新社、二〇〇一年、二九三頁〕

（7） W. Howitt, *Colonization and Christianity: A Popular History of the Treatment of the Natives by the Europeans in all their Colonies*, London: Longman, 1838, Preface.

（8） A. Schweitzer, *Out of My Life and Thought: An Autobiography*, trans. C. T. Campion, New York: Henry Holt, 1933, pp. 107, 222.

（9） T. Herzl, *The Diaries of Theodor Herzl*, ed. and trans. M. Lowenthal, New York: The Dial Press, 1956, p. 3.

第6章　抑圧と反乱

統治者の側に立って殺される者は誰でも、もし上述したとおりの［神の命令に従うという］良心をもって戦うのならば、神の目には真の殉教者なのである。神の言葉に従って行動するのだから。逆に、農民に味方して死ぬ者は、永遠に地獄の火に焼かれる。なぜなら、神の言葉に背いて剣を帯び、神に従わず、悪魔の一味となったからである(1)。

マルティン・ルターは「農民の殺人と強盗団に抗して」のなかで、農民蜂起（一五二〇年代）を非難して炎のような激しい口調で記した。農民は「狂犬のように激高した。……神と人に対して三つの大罪を負った。それゆえに肉体と魂における死に十分に値する」。かれらは、領主に背いて暴力的な抵抗を開始し、キリスト教徒を装ったことによって罪を犯した。

ドイツ農民戦争の例は、反乱を鼓舞するとともに罰する宗教の力を例証している。本章は、前章で論じた政治と宗教の関係を基に進める。強調点は、抵抗、抑圧、反乱へと移る。反乱と抑圧の問題は、道徳、合法性、個人と集団の振る舞い、そして寛容と排他性という問題を含む。宗教はそのすべてに影響を与えるが、どのように影響を与えるのかを正確に立証するのは難しい。

◆ゼロテ派

キリスト教が始まった頃のことから話を始めよう。イエスがエルサレム周辺の諸都市で福音を説いていた頃、信仰と将来について別の説を唱える者もいた。ユダヤ社会の上流層と結びついたサドカイ派は、トーラーの文字どおりの解釈を信じ、神殿を治める組織であるサンヘドリンにその考え方を実施させようとした。パリサイ派はより穏健で融通の利く人々の側を広く代表し、トーラーと同じくらい口頭伝承も重視すると主張した。両者ともローマに支配されないエルサレムを構想したが、暴力的な攻撃はめったに唱えなかった。だがゼロテ派はそうではなかった。

現代の研究者は、ゼロテ派について書くときに「ゲリラ」「テロリスト」「自由の戦士」などの用語を使う。ゼロテ派は現代のテロリストが使うような戦術を用いた。ローマ人を脅し、威嚇し、ついには攻撃して殺した。自分たちに反対するユダヤ人にも同じことをした。ゼロテ派による破壊に応えるかたちでローマはエルサレムにさらに軍隊を送り、紀元七〇年に神殿を破壊した。戦いは七三年頃まで続き、ついに市外の要塞マサダで最後の戦闘が起こった。

ゼロテ派は自滅の道を選んだ。紀元一世紀の歴史家ヨセフスは次のように語っている。「辱められる前に妻を死なせ、奴隷の身を経験する前に子どもを死なせよう。妻子を殺した後、私たちもその栄光ある恩恵を互いに与え、すばらしい葬儀の記念碑として、自由の身を保とう」(2)。何らかの高次のものによる召命という名目で自分と家族と友人を滅ぼすということは、宗教ならびに抵抗が最も恐ろしいかたちで現れたものであった。ゼロテ派の確信は、意図しなかった方法でユダヤ教の再生をもたらした。今度はパリサイ派がユダヤ教のラビとなったのである。

ゼロテ派は宗教と政治について理解するための一つの鍵を与えてくれる。宗教は、信仰と儀礼の組み合わせとしてのみ定義されるのではなく、外からの影響や統制に対する解放の条件としても定義されるのである。

◆先住民の反乱

先住民の反乱は、急激な社会の変化に直面して文化的なアイデンティティがつくり出される場合についての洞察を提供してくれる。歴史叙述では一般に、ヨーロッパ人が容赦なく先住民を攻撃したためにその文化まで冷酷に破壊することになったと描かれる。だが実際のところ、植民地主義はもっと複雑であり、抵抗の道具として宗教が関わることも多い。

メキシコでは、スペイン支配により労働と土地に対する二重のくびきが急速に強化され、先住民の苦しみが増して対立と暴力へと発展した。爆発的な抵抗の一つがミシュトン戦争である。一五四〇年代、メキシコのグアダラハラ地方で、宗教指導者に率いられた七万人ほどの先住民がスペイン人を攻撃した。反乱の指導者は伝統的な神トラトルの加護を願い、トラトル神は、スペイン人に負けることはないと約束した。神はさらなる贈り物として複数の妻をもつことを認めた。これは男たちにとって、スペイン人司祭が求めた厳格な一夫一婦制よりもはるかに魅力的な条件だった。ミシュトンの戦士たちは、儀礼としてひたいを洗うことで自分たちの宗教を「脱キリスト教化」し、キリスト教的なあらゆるものを洗い流すことによって力を得た。また一種の苦行を行って、キリスト教徒として過ごした時間を消し去った。これらの儀礼は、人々に自分の文化を取り戻させ、スペイン人に対する激しい攻撃を燃え上がらせる火種となった。スペイン人は「血と炎」の戦争を指揮し、最終的には先住民を破った。

その後の数世紀の間に政治体制は変化したが、宗教は、過去を回復してヨーロッパの影響から解放された未来を計画する先住民に影響を与え続けた。ユカタンのカスタ戦争として知られる出来事では、マヤのシャーマンが、土地の返還とヨーロッパ起源の者の追放を求めた。この反乱は一八四七年に勃発した。マヤの人々は、スペイン人の追放が予言されている『チラム・バラム』を参照した。人々は、戦争を支援するために生まれ変わって戻ってきた戦士たちから加勢を受けた。そして重要なことに、「語る十字架」からの支援も受けた。

一八五〇年にチャン・サンタ・クルス村で、小さな木の十字架が先住民に向けて語り始め、質問に答え、メキシコ人に対する戦いでの勝利を約束した。この十字架は腹話術師によって巧みに操られていたのだが、マヤ文化を代弁して神託を告げるものとなった。それは当局に対して戦う大小の村の先住民を結集させた。十字架による救済のお告げで勇気づけられ、先住民の反乱は大きな戦いにもう少しで勝利するところだった。結局敗北し、十字架は破壊されたが、新しい三つの十字架というかたちでまた現れた。そして「三位の十字架のファン」という名で新たな神託が現れた。この「十字架のファン」は、十字架そのものでもあり、また、キリストでもあると考えられるようになり、その組み合わせによって、救世主としての権威を信奉者から得た。

十字架の神話と死んだ戦士の復活は、マヤの文化的価値観を反映していた。反乱の伝統は、一九九四年にチアパス州で起こったサパティスタの蜂起へ続いていると言っても無理なこじつけではない。この運動はユカタンのカスタ戦争を支えた抵抗の伝統に依拠しているのだが、さらに、一六世紀の抵抗運動にまで遡ることができる。そのうえ、道徳と神学の面から運動を動機づけるために、古代マヤの『チラム・バラム』と『ポポル・ウーフ』の文言も参照したのである。

◈宗教心のある戦士

一八七〇年代から一八八〇年代にかけての合衆国のグレートプレーンズでは、霊性が政治的に表現された。オクラホマから両ダコタに至るまで各地に移住者と兵士たちが流れ込み、先住民が生き残るのが難しくなったときのことだった。この地の先住民にとって最も深刻な脅威は、生活の糧であるバッファローの減少だった。バッファローは肉と皮に価値があるだけでなく、文化的な豊かさや大地への霊的なつながりも提供する。その意味ではマヤにとってのトウモロコシと同様だった。それは栄養を得るだけでなく霊的な支えでもある食べ物だった。

先住民はゴーストダンスつまり幽霊踊りで対応した。戦士が勇気と力を得るために演じる儀礼である。この踊りによって、参加者は特別な状態へと変わり、侵入する兵士や移住者から傷つけられない不死身の体になる。最初は一八七〇年にネヴァダでパヴィオツォ族の預言者ウォジウォブが踊った。そして、死んだ戦士たちが踊りによって起き上がり、敵を打ち負かすと約束した。この踊りによってグレートプレーンズ中で闘争が励まされ、抵抗運動に文化的な力が与えられた。この運動は、始まったときと同様に、一八九〇年に突然に終わった。合衆国の兵士の手によって先住民が殺されたときのことである。これは「ウーンデッド・ニーの虐殺」として知られる。

ウーンデッド・ニーによって、合衆国で宗教に鼓舞される抗議が終わったわけではなかったが、戦闘的な運動ではなく、組織を通すものへ変わった。北米のアメリカ先住民教会は傑出した例である。数千年にわたる宗教慣行を基盤にしつつも、近代の法的手段を使って利益を守ろうとするのだから。この教会は一九一八年に公式に組織され、儀礼でのペヨーテ〔ウバタマサボテン〕の使用を法的に認めさせようとした。ペヨーテはメキシコと合衆国南西部で数千年も使われてきた。乾燥させると小さなボタンのようになり、幻覚成分メスカリンが強く作用し、意識の状態を変える。教会は、ペヨーテの霊と信者が近づくためにペヨーテを用いた。ペヨーテの霊は、崇拝者をはるか彼方の偉大なるものと神とに近づけるようにする。この意味でジャマイカのラスタファリ運動の儀式で使われる〔大麻の花から生成した〕ガンジャと似ている。キリスト教儀式での聖餐のサクラメントと比べられることもあり、先住民教会の創設文書では「ペヨーテのサクラメント」と呼ばれる〔サクラメントとはキリスト教において神の恩恵を受ける方法や儀式のこと。カトリックでは秘跡、聖教会では機密、プロテスタントでは聖礼典、聖公会では聖餐と訳され、何を指すかは宗派によって異なる」。ついに一九九三年に合衆国議会で「アメリカ先住民宗教自由復興法」が可決され、ペヨーテの使用者たちが支援を得られることになった。この法は一九九七年に合衆国最高裁判所によって覆されたために、かれらは宗教儀礼が受け入れられるよう再挑戦することになった。

◆荒野の預言者たち

放浪する治療師や賢者は、強さと苦行と奇跡の力ゆえに、世界中で人気を得てきた。杖代わりの棒をもち、ぼろぼろの服を着て、洗礼者ヨハネのようなやせこけた姿で田舎をさすらいながら、日々のつらい重荷からの救いを人々に約束した。社会や経済状況のために貧困や不穏や心理的な不安が蔓延すると、宗教的な救世主が登場する機会が増える。

一般に「助言者」と呼ばれているアントニオ・コンセリェイロによる謎の多い事例がこれをよく示している。助言者の故郷のセアラー州は、ブラジルの乾燥した荒蕪地で、繰り返す干ばつと飢餓に苦しんできた。助言者は一八七〇年代初頭までに多くの信者を集めた。信者にとっては、希望の見出せない生活から抜け出させてくれる力をもつ救世主だった。助言者は、世界の終末とを語り、悲しみから幸せへと生活を変えてくれる別の世界の創造を約束した。教会ならびに国家との議論を契機に、一八九三年にカヌードスの町の中心にベロモンテ帝国を築いた。町は国家内国家へと育ち、地域の政治家、地主、聖職者にとって深刻な脅威となった。決定的な対決は一八九六年から九七年にかけて起こった。ブラジル軍がカヌードスを攻撃し、五〇〇〇以上の建物を壊して信者一万五〇〇〇人を殺した。だが、助言者の首が槍の先に掲げられた後も、多くの人が再来を期待した。貧しく疎外された人々の正義を掲げて再び起き上がると考えられたのである。

これらの運動から何が導き出せるだろうか。多くは、伝統的な文化的関係を脅かす急激な経済と政治の変化への応答である。政党、労働組合、そして他の組織が助けにならないとき、預言者のような人物が立ち上がって独自の救済を提供する。かれらはイデオロギーではなく預言を強調し、一歩一歩の変化ではなく世の終わりを唱える。政治制度の変化を待つことは望まず、もっと完全な秩序という千年王国的な展望を共有した。

このような運動のほとんどは狭い範囲に限定された。歴史的環境を打ち破って長期にわたる地球規模の影響をもつことはほとんどない。だが、一九世紀に起こった二つの運動は、そうではなかった。

◈末日聖徒イエス・キリスト教会

末日聖徒イエス・キリスト教会（通称モルモン教会）は、差別されていた小さなセクトから強力な地域的教会へと育ち、二〇世紀末には影響力をもつ国際的な教会となった。キリスト教の原初的な形態へと戻ろうとする（近い過去を飛び越して初期の遠い過去へ戻ろうとする）がゆえに、研究者はモルモン教を復古主義と呼び、また、救いのために新たな啓示に依拠するがゆえにディスペンセーション主義と呼ぶ。これらのためにモルモン教は際立ってアメリカ的な宗教となった。神の知識は最終的にイエス・キリストに示される、という伝統的な方法でキリスト教の啓示を解釈するのではなく、預言者による新たな表現から受け取られる継続的な啓示があるとする。啓示は、神学者が論じるだけでなく、新しい地と新しい社会のためのものなのである。

神学的にみると、モルモン教は多くの点でキリスト教と異なる。最も重要なのは、神自体も含めてすべてを見直すべき内容としたことである。神はかつて肉と血をもつ生きた人間だったのであり、地上での生活を通して浄化された。同じように、他の人間たちも救いの道で浄化されうる。キリスト教の三位一体は発展段階の例である。キリストは人間であり、精霊はより高度な形態であって、特に恵まれた人以外はみることができず、最終的なところが神である。族長、律法学者、そして律法に満ちた初期イスラエルの共同体と近いものを再興することで、最もよく救いがもたらされる。そしてこれはアメリカに適している。なぜなら、はるか遠い過去に、イスラエルの失われた一部族がアメリカ大陸に移住して先住民の祖先となったからである。この人々の前にイエス・キリストが現れて、パレスティナで啓示したのと本質的に同じメッセージを与えた。その後、新たな王国に向けたメッセージは朽ちてしまい、新しい預言者ジョゼフ・スミス（一八〇五～四四）が到来するまで待たねばならなかった。

スミスはそのメッセージを受け取り、『モルモン書』へと翻訳した。モルモン教は、奇妙なメッセージを伝える周縁的なセクトとしてゆっくりと広まり、あざけりや迫害というかたちで妨害を受けた。アメリカの伝統に従い、西へ移住して共同体をつくっていった。イリノイ州ノーヴーでは議論含みの重婚の問題をめぐって分裂した。スミスは、カーセッジの獄中で怒り狂った暴徒にリンチを受け、撃ち殺された。その後、ブリガム・ヤング（一八〇一～七七）が教会を任され、グレートベイスンへの壮大な移住を率いた。教会はそこで妥協を拒みながら、ソルトレークシティの建設に着手した。まるで古代の部族のように、真の信仰を表明できる場所をそこに築いた。

その信仰は好環境で開花した。〔ソルトレークシティが位置する〕ユタは、準州から州になり、合衆国が経験したなかで最も神政に近づいたのである。知事、州議員、地方公務員、教育委員会などのほとんど全員が教会に従い、教会による支配を維持するネットワークをつくり出した。伝道活動への取り組みによって国内で強力な存在となり、国際的にも存在感を増している。

◆バハーイー教

バハーイー教の信仰は、一九世紀のペルシア（イラン）でイスラム教から分離したセクトとして始まった。ペルシア人の多くはシーア派であり、共同体を初期のイマームと結びつけてくれるはずの預言者の出現を信じていた。一八四七年にセイエド・アリー・ムハンマドという救世主的な人物が、自分こそが「失われた」本物のイマームであり、共同体を救いへ導くと主張した。そして、新しい預言者である自分の説教と書がムハンマドのそれに取って代わると宣言した。セイエドは涜神の罪で処刑されるが、後継者がその思想を受け継いで新しい論を記して、信者の集団がその周囲で徐々に育っていった〔セイエドは自らを門（バーブ）と称し、バーブ教を開始した。一九世紀後半に二派に分かれ、一派をバハーオッラーが発展させてバハーイー教となる」。成長するにつれて、この宗教の神学は起源であるイスラム教から遠ざかった。今日では二つの原則を強調し、どちらも広く人の心に訴えかけている。第一に、すべての宗教は、信仰と信念の一体性という考えをめぐってつくられる点で正統性を有すると宣言する。イスラム教と他のほとんどの宗教に不可欠な要素である排他性はほとんど存在しない。第二に、人種間と両性間の絶対的な平等という理念を提唱し、実践しようとする。

神学的に洗練されたからといって、迫害から逃れられたわけではなかった。バハーイー教徒はモルモン教徒よりもさらに迫害に苦しんだ。最初は誕生の地イランで、その後は中東の多くの国々で迫害された。シーア派もスンナ派も、このセクトは異端であり、預言者の教えを直接に脅かすものとみた。バハーイー教は、それでも拡大し続け、二〇世紀、特に第二次世界大戦後にさらに普及した。信仰の一体性ならびに信者間の平等という包括的な神学のおかげで、一九六〇年代には合衆国とヨーロッパでも広く受け入れられ、平和運動に関わる宗教となったこともあって驚くべき広がりをみせた。現在ではモルモン教と並んで世界的な宗教となり、信者を増やしている。

◆中国での挑戦

一九世紀の中国は、預言者や政治的な野心家によって徹底的に揺さぶられた。一九世紀に最も強力だったのは太平天国の運動である。一九世紀半ばに、ヨーロッパ人が商業面でも政治面でも進出し、満洲族の支配者による統治を脅かすにつれて、中国の状況は複雑になった。キリスト教の伝道者もやってきて、儒教や仏教の伝統とはまったく異なる聖なるものを提示した。

洪秀全《こうしゅうぜん》（一八一三～六四）は反乱を率いるのに新旧のものを取り入れた。洪は自分をイエスの弟だと主張し、中国の伝統的な宗教とキリスト教の混合物を信者に提供した。たいていの千年王国運動と同様に、天の王国への道として厳格な道徳律を求め、酒とタバコと婚外交渉を禁じた。両性の完全な平等と農民への土地分配という革命的な計画の実現を通して天の王国が地上にやってくると主張した。その目的を達成するために、洪とその信者は寺院を焼き払うなどの破壊という方法へ進んだ。軍事組織を結成し、一八五三年に南京を占領して首都にしたが、一八六四年に清軍によって陥落した。一九世紀の他のどの宗教運動も、この太平天国の乱とは比べ物にならない。死者数は二〇〇〇万人とみる推計もある。

義和団の乱ではキリスト教との関係は唱えられず、その霊性は大地から引き出された。義和団は仏教や道教というよりも、伝統的で原始宗教的な信仰によっていた。英語では「正しく調和のとれた拳（義和拳）」と呼ばれる。義和団は武術の実践で知られ、一九世紀末に中国北部で台頭した。団員は儀礼によって呼び出された霊の助けにより不死身となり、また、女性の団員「紅灯照《こうとうしょう》」は、火を吹く飛竜の姿になるという独自の特殊な力を得た。団員は、外国人の伝道者を襲い、外国人と共謀した人々も攻撃した。電報や鉄道など、近代に中国へもたらされたものは中国文化への押し付けであり有害なものだとみた。主要都市を結ぶ幾何学的な線によって伝統的な風水の感覚が損なわれたのであり、生活における調和と均衡を回復するためにはそれを根絶する必要があった。一九〇〇年に清朝軍が義和団に加勢して、外国人に対する戦いを宣言した。衝突は短期間で終わり、一九〇〇年八月に外国軍が北京を占領し、義和団の乱は終結した。

◆ユダヤ教の受難

以上の抵抗と反乱の例は、どれも抑圧と差別の結果引き起こされた。挑戦と応戦の型を代表するこのテーマは世界史によくあるが、引き起こされた反動からみると挿話的である。だが、ユダヤ教の歴史はそうではない。ゼロテ派の反乱と敗北は、歴史の長い一章にとって始まりでしかなかった。エルサレム破壊の後、ユダヤ教徒はおもに西へ移動して地中海沿岸の町に住み、徐々にイベリア半島とヨーロッパ中部で集住するようになった。トーラーとシナゴーグを中心に生活し、古くからの習慣を続けた。一般にゲットーと呼ばれた居住区はユダヤ教の強さを示すが、周囲の人々と居住地や仕事場が隔てられ、より広い共同体との差異と孤立も示した。結果として、ユダヤ教徒は他の民族的、文化的な集団にとって、怒りや欲求不満のはけ口となった。ゆえに、労働や思想で貢献したにもかかわらず、周囲と異なるものであり続け、迫害を受けたのである。

世界史のなかではユダヤ教徒に対する迫害の三つの類型が目につく。第一は、ヨーロッパ諸国からの強制的な追放である。最もよく知られた例は、一四九二年にスペインがユダヤ教徒を直接の対象にして発した布告である。ユダヤ教徒はオスマン帝国が支配するようになった広大な地域へ移住し、これらのムスリム社会のなかでは、より自由な生活を送ることができた。スペインでの選択肢は改宗以外になく、その場合でも二級市民を示唆するレッテルであるコンベルソとして知られた。第二に、ポグロム、つまり集団的な暴力に直面した。身体的に攻撃され、財産を略奪され、家を破壊され、散り散りにならざるを得なかった。ポグロムは、おもに一九世紀末から二〇世紀初頭の東欧とロシアでのこととして理解されている。

第三はホロコーストで、一九三〇年代から四〇年代に国家が支援したジェノサイドの政策である。ジェノサイドという言葉は、民族的、人種的、宗教的な様々な集団を対象とする政策を議論する際に非常にあいまいな意味で使われる。だがユダヤ教徒とホロコーストの場合には、これが唯一の適切な言葉である。ヒトラーとナチスは、ユダヤ教徒住民を組織的かつ完全に消し去るための計画を進めた。ヒトラーは一九三〇年代の経済の崩壊をユダヤ人のせいにして、一九四〇年代のガス室へと導く嫌悪の環境をつくり出した。きわめて大まかな推計だが、六〇〇万人ほどのユダヤ人、つまり地球上のユダヤ人の三分の一がナチスの手で死亡した。

◆キリスト教における迫害

キリスト教についてのたいていの記述は、それが被った迫害についてではなく、迫害する者としての役割を強調する。異端審問はその証拠として常に使われる。異端審問の起源は、十字軍や、南フランスのアルビジョア派異端の時期にあたる一二三三年まで遡る。この時にはドミニコ会士によって担われ、ときに無慈悲な方法で異端を取り除こうとした。一四七八年にイベリア半島のカスティーリャで、公式な政府組織として設立された。ユダヤ教や異端とみなされる信仰の抑圧は、スペインの宗教的な純粋性を目標としただけではなかった。カスティーリャの国民アイデンティティを強め、それによって君主国の強化を目指した。一四八〇年代は対立と闘争の時代であり、七〇〇年にわたるスペイン自身の再征服の頂点をなす。ムスリムに対する中世十字軍の最後の段階としてみることもできる。スペインはその五〇年後にまた別の闘争に取り組んだ。多様なプロテスタントという異端に対するものである。ふたたび脅威を感じたスペインは、内部の一体性によって力をつけようとした。

スペイン人とポルトガル人は南北アメリカに異端審問を持ち込んだ。そこでは異端者と背教者、つまりすでにキリスト教の信仰を知りながらも、拒否したり異議を唱えたりした人を対象とした。何にもまして、スペインで行ったように文化的な一体性と不寛容の風潮をつくり出すことに貢献した。ヨーロッパ系の者にとっても宗教の自由はなかったうえに、ヨーロッパ系の社会に関連するすべてが先住民とアフリカ人の宗教を差別した。そのいくつかは生き残ったが、たいていは都市や組織の周縁部で、しかもしばしば以前の宗教と異なるかたちになった。

アジアでは、ポルトガルがインドと中国に有していたわずかな小規模植民地とフィリピンを除いて、キリスト教徒にとって窮屈な時代があった。初期の目覚ましい成功としては、一六世紀半ば以降の日本でのフランシスコ・ザビエルの活動がある。ザビエルはのちにカトリック教会によって列聖される。その活動を端緒として教会は急速に発展し、一七世紀初期に改宗者は五〇万人を超えたという推計もある。政治的な対立と嫉妬のために、すぐに伝道者とキリスト教徒は守勢に立たされた。結末は亡命と死であった。三〇〇〇人以上が殉教した。中国での伝道者の状況は多少ましだったが、中国とローマの両方で反対に遭ったことから最終的には撤退した。

◈イスラム教

イスラム教がキリスト教よりも寛容な宗教だったかどうかを議論することは、きわめて一般的なレベルでならば可能だが、あまり役立つことではない。イスラム教はキリスト教とユダヤ教を「啓典」の宗教と認識し、敬意と寛容をもって接するに値する宗教だと認め、その預言者と聖者も崇拝する。例えば聖処女マリアは『新約聖書』よりも『クルアーン』のなかで多く言及される。もっと適切な例として、一五〇〇年もの間、キリスト教徒、ユダヤ教徒、そして他の人々も、特別の制限と税金を課されながらも、生活が脅威にさらされているとはほとんど感じずに、ムスリムの地で生きていたのである。

とはいえ、多くの抑圧の事例はある。最も先鋭な例は、伝統的なムスリム世界のなかで起こった。後で改革者として言及するワッハーブ派は反対者を激しく抑圧した。ムスリム社会を純化するために、偶像崇拝と感じられるものは何でも排除しようとした。神への注意をそらしかねないとして、聖者の墓や聖なる場所を攻撃した。カーバを破壊しようと考える者すらいた。

一九世紀の改革運動は、アラブ世界の内でも外でもイスラム教を純化し強化した。西アフリカで部族長は伝統的な宗教を実践しようとしたが、刷新されてより戦闘的になったイスラム教の衝撃を受けた。ワッハーブ派やメッカとの緊密なやり取りから刺激を受けて、ジハード諸国として知られる新たな諸国家の指導者が短期間だが政治地図を塗り替えた。フランスとイギリスによる植民地化への野心が成功したために、これらの勝利は短命に終わった。

イスラム教は反植民地主義の結節点となったが、一つ興味深い例外がある。一九二〇年代初頭にトルコで権力の座についたムスタファ・ケマル・アタテュルクは、イスラム教を推進することで権力についたのではない。まさに逆で、イスラム教の制度を取り除き、ヴェール着用などの伝統的なイスラム教の習慣を禁じた。世俗化のこの型は、政教分離の範囲を超え、ソ連や中国で起こった宗教迫害に近いものだった。アタテュルクは、スーフィズムを後進的で非合理的だと考え、貧しさや無学と同一視して、禁止しようとした。

アタテュルクの不寛容は例外的である。第二次世界大戦後に、多くのアラブ国家が政治面と軍事面で新しい官僚制をもつ近代的な社会をつくろうとしたが、その際、西洋から多くを借用した。ガマール・アブドゥル・ナセルは、改革を進める国家の登場と宗教の関係を示す好例である。一九五二年に権力を握ったとき、ナセルは社会主義の路線でエジプトを近代化しようと試み、経済発展と深刻な社会問題の改善を目指した。社会主義のモデルに従い、ソ連からの借款に大きく依存しながら、伝統的な機構を新しい官僚制につくり替えてエジプトに近代社会を築こうとした。だが、イスラム教を犠牲にすることはなかった。イスラム教は国家の宗教のままであり、ナセルは自らを信仰の代表者だと考えて、全アラブ共同体を代表する幅広い責任をますます強く担った。

イラクの状況はエジプトよりも複雑だった。イラクは多民族かつ多宗教の国であり、まさに宗教が複雑であるために、宗教をナショナリズムの象徴に使わなかった。二〇世紀後半、シーア派のムスリムは人口の五〇パーセント以上を占めたが、ほとんど力をもっていなかった。その人々は、スンナ派のイラク同国人よりも、イランのシーア派に共感を抱いていた。一九六八年にバース党が権力を握ったことで、スンナ派はイラクの政治を支配する。この党はほぼ軍部の統制下にあり、国民のなかにある政治的、民族的な諸対立から独立した世俗国家をつくることを使命とした。イラクのクルド人はスンナ派であるが、自分の言語と文化をアイデンティティとしている。

西洋の中東研究者にとって、一九七九年にイランでシャーが打倒されたことにより、イスラム教の政治的な力に対する認識が変わった。シャーを打倒しようとした多くの勢力のなかで、宗教がそれに成功したのである。シャーの体制が西洋を志向したことに対する強い不満と、そのために伝統的な価値観が脅かされているという認識があった。イランでは多くの神話と儀礼がバーティンを啓示する。バーティンとは、内面的で視界から隠されているが、完全な生にとって本質的なものである。そのすべてが近代化によって犠牲にされた。結果として、ホメイニーがますます支持されるようになった。ホメイニーは、この感情を自分が有利になるようにうまく操作した。同時に合衆国を、シャーの支援者として、そして西洋の退廃を提供する者として激しく非難した。合衆国は「悪魔」としてホメイニーの語彙に加わり、それはムスリム世界の多くに広まった。

アフガニスタンのタリバーンは、ホメイニー以上に宗教的な迫害を行った。ソ連の敗退の後、宗教と政治で極端な立場をとる集団が、中庸を求める声を圧倒した。一九九四年までに、タリバーンはほぼアフガニスタン全土を支配下におき、あらゆる異論派を抑圧し、近代化の匂いがするものすべてを葬った。男にはヒゲを強制し、女には体全体を覆うブルカを強制した。タリバーンは、いわばムスリム神政政治を打ち立てた。そして、アルカーイダの創設者であり、二〇〇一年九月一一日の合衆国への攻撃の首謀者となるウサーマ・ビン・ラーディンに避難所と支援を提供した。

◈無神論の体制

政治論が宗教の書に取って代わり、革命の英雄が世俗の聖者になると、広い範囲で宗教的迫害が起こりうる。一九一七年のロシア革命は、新しい社会をつくる努力を宗教が害すると主張して、宗教の自由を攻撃した。ウラジーミル・レーニンは、国家は教会の消滅を急ぐべきであり、宗教生活のすべての要素を根こそぎにするべきだと信じていた。新しくできた革命政府は、教会の力をそぐために次々に法律を制定した。教育、財産、そして市民的権利（教会による結婚も含めて）が革命の手に落ちて、宗教的な自由というどのような見せかけも終わりになった。宗教を制限しようとする近代のたいていの試みと同様に、ソヴェト国家は学校や仕事への機会を制限することで宗教の信者を差別し、ときに投獄や死によって迫害した。

第二次世界大戦後、ソヴェト型の宗教迫害は中東欧へ広がった。ソヴェト政治は、党と科学的社会主義イデオロギーへの忠実な支持を求めた。結果として、公式の宗教も非公式の宗教も迫害され、いずれも地下活動を余儀なくされた。数十年にわたって周縁的な地位に追いやられた後に宗教がよみがえって共産主義に挑むようになったことは、二〇世紀の大きな皮肉の一つである。

教皇ヨハネ・パウロ二世は、共産主義に対する戦いの英雄として現れて、その信者とともにソ連や他国での運動を刺激した。一九八九年に最高指導者のミハイル・ゴルバチョフは、ローマの教皇を訪問した。これは物事が変化し始めたしるしだった。ゴルバチョフの訪問は、教皇の政治的な力が十分に生きていることを国際社会にふたたび知らせたのである。一九八四年にも同様に重要な出来事が起こっていた。ロナルド・レーガン大統領の下で合衆国がヴァティカンとの外交関係を樹立したのである。

中国では、一九四九年の共産党の勝利により、宗教と国家の関係の歴史のなかで、新しく、より困難な章が始まった。一九五〇年代の間はキリスト教が、その後は仏教が、土地と教会と学校を失い、ますます厳しい状況に直面した。一九五一年に中国の勢力下におかれたチベットでも同じことが起こった。チベット仏教は、一九五九年にダライラマがインドに逃れたことで、さらに強い打撃を受けた。中国における宗教への決定的な攻撃は、一九六六年、毛沢東が指導したプロレタリア文化大革命の到来によるものである。過去の多くを消そうとし、それとともに伝統的な宗教的信仰を消そうとしたのである。

毛沢東は、宗教に対する見解をずっと前から表明していた。一九二七年の「湖南省農民運動の視察報告」で、宗教的権威が「中国人民、特に農民を縛りつけている四本の太い縄」の一つだと書いた(3)。

宗教は、政治、氏族、女性の隷属とともに、革命的な社会の発展を妨げているという。農民は、宗教を嫌悪するなかで、寺院に火をつけ、教会を占拠し、宗教的な重要人物を迫害した。これが文化大革命での攻撃にとって前例となった。

文化大革命による浄化によって「現代中国はどのようなレベルにおいても宗教行為が重要性をもたない最初の主要な文明となるだろう」と指摘する論者も現れている。[4]そうなりうるかもしれないが、それはありそうにない。理由の一つは「天命」である。それは毛沢東の信奉者たちに力と目的を与えた道徳的な権威の一種であり、それ自体が宗教的な熱を帯びる。政治と宗教の共生は中国文化に深く編み込まれている。これはヨーロッパにおける「王権神授説」とある意味似ていて、毛沢東の神格化も理解しやすくなる。『香港プレス』（一九九二年）の記事はこう説明する。

毛沢東首席への崇拝は、政治的に編み上げられたものではなく、人々による神格化からなるという点で過去のものと異なる。いまや、家を建て、事業に取り組み、車を運転するときに、神である毛沢東の加護を人々は求める。年配の女性はストーブの上や仏像をおくためのくぼみに毛沢東の肖像をおき、朝夕に毛沢東に対して香をたく。現在の「赤い太陽への熱狂」の本当の基盤は伝統的な民間宗教が提供している。[5]

ソ連と中国の歴史からは二つの点が現れてくる。第一に、マルクス・レーニン主義が全体主義体制によって実施されたことにより、公式の宗教の力がそがれ、政治において重要な役割を果たさなくなったということ。第二に、数世代にわたる迫害の後ですら、公式の宗教も非公式の宗教もどちらも生き延びて、マルクスとレーニンの主張が幻想だったことを証明したということである。

現在（二〇〇五年）の時点で、キューバでの宗教の運命を予測するのはまだ早すぎる。カストロはまだ強い力をもち、キューバは厳格に共産主義体制をとり、宗教も制限されている。四〇年以上にわたって国家は様々な機構を使ってきた。キューバは、ソヴェトや中国をまねて宗教を敵視する法令を大量に定めてきたが、一つ重要な点で両国と異なっている。カストロは、司祭や修道女を処刑したり、建物に火をつけたりする方法に頼ることなく、教会を排除するという戦略を創出したのである。多くの聖職者を追放し、学校、メディア、政治、結婚式など、公生活のあらゆる面で教会を制限した。一九九八年一月の教皇のキューバ訪問がポーランド訪問と同じ結果をもたらすことを、キューバや他地域の多くの信者が望んだが、そうはならなかった。

宗教、反乱、そして抑圧についての以上の概観から楽観的な結論を引き出すのは難しい。宗教的感情の水脈は深いところを流れていて、良きにつけ悪しきにつけ宗教と政治が手に手をとって進んでいることをガンディーの言葉は思い起こさせてくれる。一国内でも国際的にも、宗教的自由を法制化する努力は希望を感じさせてくれるが、偏狭な政治問題という困難な現実とぶつかり続けている。政治的な武器として宗教を利用したり濫用したりすることは、長い間ずっと世界史の中心テーマであり、二一世紀初頭の世界情勢をみても似たようなことが繰り返されているように思われる。同時に、次章でみるように、多くの宗教では平和と正義が中心的なものであり続けた。

注

（1）M. Luther, "Against the Robbing and Murdering Hordes of Peasants"（1525）, in R. C. Schultz（ed.）, *Luther's Works*, vol. 46, Philadelphia: Fortress Press, pp. 46, 49.〔マルチン・ルター、渡辺茂訳「農民の殺人・強盗団に抗して　一五二五年」ルター著作集編集委員会編『ルター著作集　第一集　第六巻』聖文舎、一九六三年、三六三～三六四、三六九頁〕

（2）F. Josephus, *The War of the Jews or the History of the Destruction of Jerusalem, in The Works of Josephus*, trans. W. Whiston, Peabody, MA: hendrickson Publishing, 1987, pp. 766, 768.〔フラウィウス・ヨセフス、秦剛平訳『ユダヤ戦記三』筑摩書房、二〇〇二年、一七八～一九一頁〕

（3）T. Cheek（ed.）, *Mao Zedong and China's Revolutions: A Brief History with Documents*, Boston: Bedford/St. Martins, 2002, p. 62.〔視察報告の日本語訳は次を参照した。「湖南省農民の視察報告」中国共産党中央委員会毛沢東選集出版委員会編『毛沢東選集　第一巻』外文出版社、一九六八年、四九頁〕

（4）D. L. Overmyer, *Religions of China: The World as a Living System*, New York: Harper and Row, 1986, p. 109.

（5）G. Barmé, "Shades of Mao," in T. Cheek（ed.）, *Mao Zedong and China's Revolutions*, Boston: Bedford/St. Martins, 2002, p. 227.

第7章　宗教・戦争・平和

一九七九年六月二日、ワルシャワの勝利広場と周辺の通りに詰めかけた一〇〇万人近くのカトリック信者を前に、教皇ヨハネ・パウロ二世は注意深く言葉を選んで説教した。教皇就任からわずか八カ月後だった。ローマ・カトリックの首長となってから初めての生地訪問とこの野外ミサに向けて、ヨハネ・パウロは熟考を重ねて自分のメッセージを言葉にした。説教のなかで教皇は生まれ故郷のために祈りを捧げた。「精霊よ、降り来たれ。降り来てこの地の様相を一新したまえ」。それに応えて聴衆は歌い始めた。「私たちは神を求める！」。ポーランド共産党政権ののど元に、かすかだが紛れもないジャブの照準を定めて、教皇はこう宣言した。

地球上のどの部分であろうと、地理的にどの緯度や経度の場所であろうとも、キリストを人類の歴史に含めずにおくことはできない。人類の歴史からキリストを排除することは、人類に逆らう行為である。キリストなしにポーランドの歴史を理解することは不可能である。

群衆は、その言葉を遮って響きわたる雷鳴のように歌った。「私たちは家族のなかに神を求める！　私たちは学校のなかに神を求める！　私たちは本のなかに神を求める！　私たちは神を求める！」[1]。

このポーランド訪問からたった一〇年後に起こったソヴェト型共産主義の消滅に対して、教皇ヨハネ・パウロ二世が果たした役割は大きかった。鉄のカーテンの崩壊後しばらくして、ソヴェトの指導者だったミハイル・ゴルバチョフは次のように語った。「この教皇の存在がなければ、そして、政治も含めて、この教皇が世界を舞台にして演じた重要な役割がなければ、ここ数年の間に東欧で起こったことのすべては不可能だったろう」[2]。ゴルバチョフの言葉は実際のところ過大評価かもしれないが、それでも、ポーランドの「連帯」運動の組織と、他の中東欧諸国まで含めた共産主義の崩壊に、教会と教皇が少なくとも重要な刺激を与えたことを示唆している。

研究者でも政策立案者でも、戦争と平和を考える際に宗教が重要だということをますます確信するようになっている。アルカーイダと西洋との対立をはじめ、イスラエルとパレスティナ人の間の対立、ナイジェリアとスーダンでのキリスト教徒とムスリムの間の戦いなどは、日常のレベルで宗教のイデオロギーがどのように世界平和を妨げるのかを表している。実際のところ、多くの宗教が公式の教えのなかで不和の種を蒔いているのである。

真の平和は経済的な公正と基本的人権を守ることでつくり出される。この現実が広く知られているにもかかわらず、宗教によっては教義が特定の集団を周辺に追いやることを認めたり勧めたりして、信者の多くもそう理解している。例えば、キリスト教、ユダヤ教、イスラム教などの伝統では、多くの事柄でジェンダーに関する重要な差別があり、また、イスラムの教えによるならば、ムスリムの社会が他の宗教の人に完全な市民的自由を認めるのはきわめて難しくなる。

このように過去をみると、宗教そのものは、平和へのイニシアティヴを育てるには岩の多い苗代であることが多いようだ。最近、最も悪名高いのはイスラム教急進派であり、西洋で普段はリベラルに考える人々のムスリム全体に対する意見に影響を与え、多数者である穏健なムスリムを、他の信仰の人々と文字どおり（そして不適切にも）戦うようにけしかけている。二〇〇四年に、おそらくフランスで最も卓越した『クルアーン』研究者であるブルーノ・ギデルドニは、ヨーロッパ的で穏健なイスラム教のスタイルが消滅し、急進的なムスリムと、ますますいらだちを募らせるキリスト教的西洋との交戦という惨事がありうると嘆いた。

私たちは、急進的なイスラム主義者からは背信者だと批判され、キリスト教徒や他の人々からは羊の皮をまとった狼だとみられている。いまや私たちは信用されていない。私たちはイスラム教が無害だと西洋人をだましてなだめようとしていると信じられている(3)。

イスラム教に限らず、どの宗教でも集団間の争いがあり、ある集団は他の集団と平和裏に対話するのが難しいと感じる。ユダヤ教の敬虔派ハシド派の人々は、同宗教内の主導的な指導者とは詳細な点まで異なり、自分たちの共同体のなかで心身ともに虐待の的になったという。最近、合衆国南部で黒人教会への放火が続いていることは、異なる考え方や肌の色をもつキリスト教徒が、自分の共同体のなかで平和に共存する方法をまだみつけられないことを証明している。

宗教界の指導者は、政治家が平和をつくり出すことができないと強く批判する一方で、自分たちが非難している政治家と同じように教条的で頑固な性質をみせることも多い。例をあげよう。二〇〇二年一月にロシア正教会のヴォロコラムスク府主教ピティリムは、ローマ教皇ヨハネ・パウロ二世との会談に同意した。ピティリムやその使節によれば、ロシア教会とローマ教会との「まったく満足できない」関係を修復しようと考えてのことであった。しかし、ヴァティカンは、ロシア正教との関係改善のための先例のない機会を逸した。その数週間後、まだ両教会の間の状況に希望がもてるようにみえていたときに、教皇はロシアにある四つの執行機関を司教座の地位に引き上げて、新たに〔ローマ・カトリックの〕モスクワ大司教区をつくった。その行為によってロシア教会との間で一月につくり出したわずかばかりの善が消し去られることを、ヴァティカンは当時十分認識していたはずである。ローマ・カトリックの決定は計算されていたのかもしれないし、タイミングが悪かったのかもしれない。いずれにしても、宗教界の指導者が、政治家と同様に、自分たちが説いている平和をつくり出すことに失敗するということが示された。

武力闘争を引き起こす問題は、政治的・経済的内容を詰め込まれたイデオロギーから生じる。あらゆるところに存在するようにみえる宗教的次元は、この絵にさらに暗い影を落とす。普通、戦闘員は、社会のありふれた人々から補充される。それぞれの兵士は、戦争での振る舞いに影響するような宗教的信念をもっていることも多い。宗教は、戦闘員が自分とは違う宗教の人や、状況が認めるならば同じ宗教的信念をもつかもしれない人を殺すことも正当化できるような、神話的枠組みを提供する。普段は信心深い男女が正常で超越的な価値観を失う様子を、あるキリスト教徒の作家が、アメリカの元軍人へのインタビューから次のようになまなましく記している。

第二次世界大戦のまっただなかだった。軍隊は「バルジの戦い」や「一九四四年のクリスマス戦争」として知られる戦いを遂行していた。戦闘は激しくて、寒く、雪が降っていた。

連合軍は爆撃により戦略上の地域を管制下においた。司令官が言った。「あの平原を掃討して、雪のなかでまだ塹壕にいるドイツ兵を殺せ。捕虜はいらない。絶対に！」

選ばれたアメリカ軍兵士の一人が、その次に起こったことを教えてくれた。

「男は木に寄りかかっていた。負傷し、疲れ切っていた。食べ物も水もなく、周りに仲間もなく、戦う手段ももっていなかった。とても美しい……アクセントで英語を話した。……シャツのポケットに小さな黒い『聖書』があるのに気づいて、イエスと救いについて話し始めた。……ドイツ兵は信心深いキリスト教徒だとわかった。私は自分の水筒の水を与えた。クラッカーも与えた。一緒に『聖書』を読んで祈った。二人とも泣いた」。

語る声が震えだし、涙が頬をつたった。表情には苦痛が表れていた。

「まるで昨日のことのようだ。三〇センチくらいのところに立って、男はドイツ語『聖書』の詩編を読んだ。そして私は英訳『聖書』の『ローマの信徒への手紙』の一二章を読んだ。男は妻と娘の白黒写真をみせてくれた。

深く息をついた。「わかるだろう、その頃自分は二〇歳過ぎの若者だった。イリノイのキリスト教カレッジを卒業したばかりで、戦争について自分の考えを整理する時間はなかった。……だからたぶんあんなことをしたんだ」。

「ドイツ人の友に別れを告げ、何歩か遠ざかり、そしてまたもどった。『ローマの信徒への手紙』一三章の「殺すな」という戒め、永遠の生命への約束、平和の君〔『イザヤ書』九章五節で預言された救世主の呼び名の一つ〕、日曜学校で聞いた守るための殺人と悪意ある殺人の違い、戦争が不合理なこと、すべてが心のなかで渦を巻いていた」。

「自分が戻るのをドイツ兵はみて、頭を下げて目を閉じ、よくある祈りの姿勢をとった」。

「次に起こったのはこうだ。簡単な三つの文を唱えた。一週か二週に一度、戦争についての悪夢をみたときに繰り返した文だ。「あなたはキリスト教徒だ。私もそうだ。また会おう」。……自分は、一秒もたたないうちに、その無防備なキリスト教徒の兵士をなきがらにした」[4]。

このような話はどの戦争でも重要な一部となっている。宗教を深く信仰する者でも殺すことへの衝動を制御できないならば、宗教がなぜ頻繁に小競り合いや戦争の中心になるのかが容易に理解できる。だが、政治での不和をつくり出し、後押ししてきた歴史にもかかわらず、ほぼすべての宗教は平和の伝統を内に含み、対立の解決の重要性と、流血の回避を強調する。そして、社会の調和の重要性を扱う聖なる物語と教えを提供する。その結果、どの宗教も、全体として理解するならば、和平に力を注ぐ者に主要な道具を与えうる現実的な伝統を提供するのである。

◆キリスト教――正しい戦争、正しい平和

キリスト教はその起源において、あらゆる形態の暴力を嫌悪した。イエスは、敵に攻撃されたら「もう一方の頬をさし出す」よう説いただけでなく、「あなたの敵を愛して、あなたを嫌う者のためによいことをして、あなたを迫害する者のために祈りなさい」と命じた。イエスは神殿から両替商といかがわしい商人を鞭で追い出したときに、身体的な懲戒を用いる（あるいは用いると脅す）という手段に訴えたけれども、キリスト教徒が戦争に加わることを肯定したという証拠はない。だが、警察や軍事的行動に加わることをはっきりと禁じたという証拠もない。

二～三世紀のキリスト教の著述家の多くはキリスト教徒の軍役に反対する議論に加わったけれども、その反軍事的な見方が、暴力の拒否を反映したものなのか、ある種の偶像崇拝だとキリスト教徒が考えた皇帝崇拝の拒否を反映したものなのかを決めるのは難しい。三世紀の終わりまでに、多くのキリスト教徒が軍務に就くようになっていた。三一二年に、コンスタンティヌスは、ローマ皇帝の称号をめぐるライバルとの戦争を準備するなかで、軍隊や社会全体においてキリスト教徒が演じる潜在的な役割に気づいた。太陽信仰をもつコンスタンティヌスが最高神の加護を祈ったところ、「ＸＰ」（ギリ

シア語でキリストの最初の二文字）のしるしと「これにより勝利せよ」という言葉を空にみたという。そして夜にイエスと会い、「戦いの守りとして」このしるしを使うよう命じられた。コンスタンティヌスはマクセンティウスを破り、まもなくしてキリスト教が合法化された。同じ世紀のうちにキリスト教は公式な国家宗教という地位を得るまでになる。結果として、戦争に関わらざるをえない状況になった。

五世紀にヒッポの司教だった聖アウグスティヌスは、キリスト教の正戦理論の枠組みを据えたと評価される。実際には、自衛の概念について意見を述べたのである。キリスト教徒個人は自分やその財産が脅かされても暴力に訴える正当性をもたないが、愛で考えるならば、自分の命を犠牲にしても、攻撃されている無実の他者を守らざるをえない。そして、ローマ法の伝統から、国家は庇護下にある市民を守るために剣を帯びる義務があると論じた。さらに、どう戦われるべきかを厳密に限定することで、戦争の正当性を制限した。

キリスト教徒が戦争に加わることについてのアウグスティヌスの教えは、中世の間に他の哲学と接ぎあわされて、西洋の正戦の伝統として認識されるものとなった。一二～一三世紀には、トマス・アクィナスや他の多くの教会法学者による様々な神学の思想が一貫したシステムとなって現れ始めた。戦争での振る舞いについて、ムスリムの法学者から発した多くの解釈を起源として、アウグスティヌスの分類がユス・アド・ベッルムつまり戦争への法（どのような状況での戦争が正当化されるのかを定めるカテゴリー）と、ユス・イン・ベッローつまり戦争での法（戦争中の正しい振る舞い）という、現在使われているかたちへと精密化された。キリスト教神学者と教会行政に携わる人々は前者のカテゴリーを創り出すのに重要な役割を果たし、騎士身分の人々（教会と帝国の戦争で実際に戦った人々）は正しい振る舞いの枠組みの形成に寄与した。

一五〇〇年を過ぎた頃、フーゴー・グロティウスなどのプロテスタントの思想家が正戦のキリスト教的な理論を洗練させたが、前記の二つの主要カテゴリーは有効なままだった。

戦争への法

一　正当な理由――理由は道徳的に正当化できなければならない（例、無実の市民の防衛あるいは自衛）

二　適切な権限者――適切な権限者（普通は国家）のみが交戦を決定できる

三　適切な意図――戦闘員とその指導者は、より大きな善をもたらすという意図で戦争をする

四　均衡――すべての戦争が独自の負の結果を生み出すがゆえに、戦闘を避けた場合よりも最終的な結果がより悪くなるならば、意思決定者は交戦してはならない

五　平和による終結――正戦となるためには、終結が正しい平和にならねばならない

六　最終的手段――戦争に入る前に、主要な対立を解決するための他のすべての可能な手段が試されねばならない

戦争での法

一　均衡——戦術のレベルにおいても、戦闘員は、自らが止めようとする悪よりもより大きな悪を発生させてはならない

二　区別——可能な場合、いつでも非戦闘員の生命は守られねばならない

キリスト教の正戦論のカテゴリーは有用なガイドラインを提示するけれども、一つひとつに独自の問題群とあいまいさがある。たとえ正戦だとしても、すべての戦争はすぐに全面戦争へと拡大しやすく、そこでどちらが実際に善を促しているのかを決定するのは難しい。例えば、第二次世界大戦で合衆国がドイツと日本に対する戦いに加わったことに疑問を向ける観察者はほとんどいないけれども、数十万人の文民と少数の戦闘員の死をもたらした原子爆弾をアメリカが日本に対して用いたことの道徳性については、一部の退役軍人も含む多くのアメリカ人が疑問をもち続けている。

そもそも純粋な正戦の伝統を維持するのは困難だということを認識して、原初的なキリスト教会の平和主義的な教えに戻ろうとする集団が、プロテスタントとカトリックのどちらからも現れた。宗教改革の時期に、メノ・シモンズと弟子たちによるメノナイト派は、すべての暴力的行為が禁じられるという原則を基に再洗礼派の伝統を確立した。イエスの言葉「平和をつくる人は、幸いである。神の子と呼ばれるだろうから」（『マタイによる福音書』五章九節）を文字どおりに用いて、どのような状況であれ、戦争を促進する者は真のキリスト教徒ではありえないと考えた。

その後一六世紀のイギリスで、ジョージ・フォックスの敬虔主義的な集団であるフレンド会すなわちクエーカーは、あらゆる男女が創造主の善を自らの内に宿しているのであり、それゆえに、どのような状況下でも身体的に傷つけられてはならないと定めた。これとは対照的にローマ・カトリック教会は、手段として使えるように正戦の伝統をつくり、正戦の教義を支持してきた。そのためカトリック信徒が戦闘員となることを許し、ときに促してきた。

近年のすべての教皇が防衛のための正戦という概念を支持した一方で、二〇世紀半ばから強い平和倫理がカトリック教会のなかで現れ、俗人や聖職者の心をとらえた。第二次世界大戦で疲弊したヨーロッパで、ほとんどが俗人からなる平和主義の集団が組織され、パックス・クリスティと名乗った。この動きは三〇以上の国に広がり、今日では国際連合の諮問資格をもつ。パックス・クリスティは、戦争ならびに戦争準備も含めてあらゆる形態の暴力を忌避する。

合衆国でアフリカ系アメリカ人が公民権を求めて闘ったときのように、戦争だけが不正義のかたちではない。南北戦争より前には、サウスカロライナのデンマーク・ヴェスイ、ヴァージニアのナット・ターナーなどの黒人が、宗教的確信に基づいて武器を手に蜂起する計画を立てた。一八三一年のターナーの事件では、実際に流血の事態となった。一九五〇年代から六〇年代には、バプティストの牧師であるマーティン・ルーサー・キング・ジュニアが公民権運動を率いた。合衆国で黒人がおかれた状況下では、武装蜂起に訴えることが正当だとキングが考えたかもしれない、と唱える歴史家もいる。けれどもキングは、抑圧されている者の手にあるもっと効果的な武器は、非暴力の抵抗だと確信した。キング、アンドリュー・ヤング、そして二人の近しい仲間たちは、ほぼ完全に信仰に導かれていた。このような非暴力の抗議は、新しい千年紀の平和構築のために最も重要なモデルの一つであり続けるだろう。キングは一緒に抗議する仲間に尋ねた。「なぐられても仕返しをしないことを受け入れられるか」。この質問が聞きただしているのは、神への永続的な信仰という文脈のなかでのみ、かれらが信じる倫理は実現しうるということである。[5]

◈イスラム教の平和の方法

預言者ムハンマドは、より正しい経済と社会の秩序だと思い描いたものを打ち立てようとする際には躊躇なく軍事力を用いた。『クルアーン』は、神の側に立って戦う人々の生命のなかにある摂理の手をこう描く。「一方の軍は神のために戦い、もう一方は不信仰の軍だった。後者の目には相手が二倍も多くみえた。神はだれであろうと神が望む者の勝利を支える。見通す力をもつ者はこれによって確信を得る」（三章一二節）。

イスラム教は、その歴史の多くを通して、そして人類をアダム以前の原初的な状態に回復するための『クルアーン』の呼びかけに基づいて、世界を征服してムスリムによる普遍的な支配を確立するべきだと主張した。西方ではフランスで食い止められ、東方ではインドで前進が止まったときに、多数派は地上での普遍的支配という考えを手放し、結果として、罪深さとの個人的闘いや、正しく行動する努力など、ジハードの平和的な面に向かうようになった。次のように論じても、過度な一般化にはならないだろう。すなわち、キリスト教が平和主義的な信念の上に築かれて、結局は刀によって課題に迫るようになったのに対して、イスラム教は軍事的な原則の上にある程度築かれて、結局は他の宗教集団と平和のうちに共存できることを発見したのである。

創設時には衝突を招いたものの、イスラム教の教えは対話と仲裁の重要性を説き、和平創設の重要な道具を提供する。『クルアーン』は、議論を通して、そして必要なときには神の啓示を受けた仲裁者を通して、紛争を調停することの重要性を教える。七世紀には、ムハンマド自身がユダヤ教徒の部族との争いを収めるために仲裁を頼みにした。そして、第四代カリフのアリーは、シリア人との諍いを解決することに同意して、凄惨な殺し合いの暴力が勃発するのを回避した。

世界情勢でのイスラム教の現状を誤解させる問題の多くは、西洋がムスリムの「心理」を明らかにしようとすることから発している。しかし、そのようなものはもちろん存在しない。キリスト教、ユダヤ教、あるいはヒンドゥーの心理というものが存在しないのと同様である。どのような集団でも社会でも、周縁にいる急進的な者が中核的先導者となることはない。対話のための国際イスラムフォーラムのような非常に影響力のある種々の平和組織は、世界の舞台で節度あるイスラム教の声を取り戻すためにたゆまず働いてきた。例えば、この組織は二〇〇四年にヴァティカンと合同で声明を作成し、キリスト教徒とムスリムに平和のために祈り続けるよう訴え、「武力衝突のすべての形態、ならびに、人々の安全と安定を侵害する形態を含むすべての戦闘をただちに終わらせるよう」求めた。さらに、この共同声明では「特に無実の人々、子ども、女性、老人、そして障害者などの命が救われるために、人々の自決権」を肯定した(6)。

他宗教の者がイスラム教徒の隣人に接近するときに、複雑なイスラム教社会を理解できず、最新ニュースの見出しをもとに単純なステレオタイプをあてはめることを選ぶならば、平和をもたらす過程は失敗に終わるだろう。不運なことに、ムスリムの一般人の生活を理解して描くことに必要な努力を払っている報道機関はほとんど存在しない。普通のムスリムは、他宗教の隣人と同じように、自分も子どもも一緒に平和に暮らせるような場所を切望している。

◆アヒンサーの方法——インドの宗教

正義と平和についてのヒンドゥー教の伝統は深い根をもつ。『バガヴァッド・ギーター』は、戦争をカーストの義務だと記す一方で、兵士には一定の厳格な規則を定める。例えば、負傷した囚人と非戦闘員は、敵から尊ばれる扱いを受けて守られねばならない。『ヴェーダ』『バガヴァッド・ギーター』『ウパニシャッド』は、体系的な平和構築活動について長々と教授することはないが、アヒンサー（非暴力）、クシャマ（赦すこと）、シャンティ（平和）という、紛争解決のために不可欠な構成要素がもつ社会的ならびに精神的価値をほめ讃えている。聖典の叙事詩『ラーマーヤナ』では、イエスの教えに似た一節がある「他者があなたを傷つけたときに復讐してはいけない。悪いことをした者が死に値するとしても、高貴な人々は慈悲深くあるべきである。罪を犯したことのない者は一人としていないのだから(7)」。

叙事詩『マハーバーラタ』は、『ラーマーヤナ』とともに東南アジア全体に社会的・宗教的な影響を与えている。そこには、断罪と赦しの間の、そして、残酷な戦争と、平和へのより賢い道の間の、魅力的な弁証法がある。基本的に叙事詩の物語が戦争と復讐という恐怖の事例で満ちている一方で、主題は平和の価値についてのメッセージである。おそらくそのなかで最も衝撃的な平和への呼びかけは、息子を殺された老女のものだろう。「敵を殺すことが徳に値する」と言われて、嘆き悲しむ母親は「敵を赦すことがもっと大きな徳に値する」と応えた。(8)

古代の成句はマハートマー・ガンディーのなかで生命を得た。ガンディーの教えは、マーティン・ルーサー・キングも含めて非暴力を唱える偉大な宗教指導者の人生に強く影響を与え続けている。ガンディーが非暴力の倫理を熱心に支持したのは、かれが「神」と記す絶対的な真実の原則への永続的な信仰に導かれたからである。非暴力のヒンドゥー教徒は、神がすべてのものと人に存在すると認識し、自分の敵も含めてすべての人間に敬意を払わねばならないと信じる。

ジャイナ教は、いとこのような存在であるヒンドゥー教と同様、アヒンサーという非暴力の原則に倫理的な根をもち、それを五つの大きな戒めの最上位におく。アヒンサーへのジャイナ教のアプローチは世界で最も急進的だと表現しても間違いではないだろう。聖典『アーヤーランガ・スッタ』はこう宣言する。「どのような種類の生き物も、どのような種類の被造物も、魂をもつどのような種類のものも、どのような種類の存在も、殺したり、悪用したり、害したり、苦しめたり、虐げたりしてはならない」。結果的に、信心深いジャイナ教徒は、あらゆる動物製の品も狩猟も拒否し、虫も含めて何らかの生物を踏まないよう気をつける。ジャイナ教徒にとって、あらゆる利己的な行動や無慈悲な行動は個人を現世に結びつける。一方で、利他的な行動によって自分が損失を被ったり苦しみを受けたりすれば、この下等な存在から早く脱することができる。

ジャイナ教徒は世界の平和に熱心に取り組んでいる。ジャイナ教の指導者のなかには、祈ったり、断食したり、禁欲主義的な行動に参加することで、世界平和の努力への支援を公に示す者もいる。一九九八年に行者の指導者シュリー・サハジ・ムニ・マハーラージは、世界平和のために三六五日の断食を行い、成功した（一日にコップ二杯の白湯しか飲まなかった）。もっと体系的なアプローチを促す者も多い。ガンディーを深く尊敬するバーワー・ジェインは、子どものときにインドから合衆国に移住し、近年はニューヨークの異宗教間センターで国際的な業務および国際連合関係の業務を指揮し、宗教と霊的な指導者によるミレニアム世界平和サミットの事務局長を務めた。このサミットは国連の支援により組織され、その後も国連の平和と社会のためのイニシアティヴを支援して、世界の大きな伝統的宗教間の調整を奨励し組織している。

◈部族間の対立と平和への道

平和構築のモデルは、もっと小さな宗教共同体のなかでもみつけられる。ニューギニアの山岳地域に住むアラペシュ人は、人々の間で平和をつくり出す技術の最も衝撃的な例を提供する。ドイツとオーストラリアによる植民地化によってこの地域での戦争が鎮められる前ですら、アラペシュではあらゆるかたちの暴力的な振る舞いや、他の人を暴力に駆り立てるかもしれないような行動すらも徹底的に非難された。子どもは幼いときから親とともに共同体の多くの行事に参加して、非暴力的な生き方を学ぶ。社会正義の原則を守るが、最も極端なかたちでは、過ちを犯した側が社会の他の成員から隔離されることで対立を解決する。暴力的な振る舞いは、氏族を導いている祖先の霊を不機嫌にする呪術や悪い魔法がもとにあると考えられる。

一般に、ヨーロッパに起源をもつアメリカ人は、先住民と共存する平和的な手段を考えようとしなかった。合衆国のトーマス・ジェファーソン大統領は、陸軍長官のヘンリー・ディアボーンへの文書で多くの白人アメリカ人が共有していた感情を表現した。つまり、合衆国の軍隊は、先住民に対して武力を用いる必要があると考える場合、「その部族を根絶するかミシシッピの向こうへ追いやるまで」武器を置くことはない。さらに進んで「戦争でかれらは私たちの何人かを殺すだろう。私たちはかれらすべてを殺す」とも明言した(9)。

アメリカ先住民の多くの集団は、敵意を乗り越えてヨーロッパからの移住者と永続的な平和を構築しようと努力した。その外交的な姿勢への返答は、より世論に受け入れられやすい「先住民移住」政策という装いをまとった絶滅方法だった。おそらくアメリカ先住民のおもな集団は、ヨーロッパ人がアメリカにたどり着くよりずっと前に、先進的な平和構築の技術をつくり出していた。指導者の地位を戦士と調停者が分けもっていた部族もある。なかには、平和を担当する首長が、かれらの平和への倫理に絶対的に忠実だったものもある。シャイアンのような多くの集団は、ある種の宗教上のユス・

アド・ベッルムの原則に基づいた平和構築に高い価値をおいていた。その教えでは、各世代は先立つ世代と将来の世代に霊的に結びつけられている。その部族が行うすべての決定は、とりわけ戦争と平和へ導くような決定は、七代先までの子孫の命に触れる。聖なるものという考えは、子どもや生まれくる者たちに栄光を与える政策を行うよう部族長を制約する。すべての命が互いに結びついているという超越的な価値が、正義と平和を創出して維持する構造を支えるような強い枠組みを提供した。

近年、神学を手にして戦場へ赴いた宗教者が、平和構築活動を促進しうることが示されている。一九八〇年代のニカラグアでは、おもにプロテスタント聖職者が主導した調停委員会が休戦を具体化させて、サンディニスタと東岸部の先住民諸部族との間の武力対立を終わらせた。これは、多くのニカラグア人が、政治家よりも聖職者に敬意を払っていたからだという理由もある。

同様に、宗教的指導者に敬意を払う人々の振る舞いのおかげで北アイルランドでも平和が保たれている。そこではカトリックの聖職者と少数の献身的なプロテスタント指導者が宗派横断的な対話を始めて、暴力をやめさせるための共通の基盤をつくり出した。南アフリカのアパルトヘイトの崩壊にも役立った。平和主義者であるデズモンド・ツツ主教は黒人も白人も含めて何百万人もの心をつかみ、また、オランダ改革派教会の聖職者は、黒人の隣人たちに対する白人キリスト教徒の敵意が収まるよう導いた。そして、宗教的指導者に対する同様な敬意は南北戦争後にアメリカの黒人が教会を組織するきっかけをつくり、白人の人種主義政策に抵抗する力を与えた。

◆近年の考え方

現代の社会理論や政治理論は、宗教と戦争と平和の関係に取り組み続けている。だが、依然として意見の一致はみられない。確かだと思われることは、宗教的関心の正当性を認めなければ国政がうまくいかないことである。平和を構築しようとするならば、経済面と社会面での公正が決定的に重要であり、富を増やして自由を確立するだけでは対立が終わらないことを、外交関係者は認識すべきである。自由な社会のなかでも大きな混乱は現れる。自分たちが理解できる力や理解できない力によって自分たちが深く信じている超越的な価値観が脅かされている、というようにある宗教の信奉者が信じている場合には、しばしば混乱が起こるものである。

平和的共存をもたらす課題を担う集団の間で、宗教は平和を築くのに必ずしも有害ではないという認識が育っている。とりわけワシントン市にある戦略国際問題研究所は、平和構築への取り組みにおける宗教の力を認めるようになった。この研究所におかれた紛争後の復興プロジェクトの推進者は、すでに行われた行為を赦すという対応は霊的な次元によって促されるので、その次元を注ぎ込まなければ多くの文化で復讐の悪循環を断ち切れないと認識するようになった。

平和を構築しようとするすべての人がこの価値観を共有するわけではないだろうが、異なる宗教的伝統と経験に敬意をもって対応しなければ、平和を築くための努力は失敗するかもしれない。宗教指導者が経済的な刺激に容易に影響されることは少ないだろうが、適切な情報をもたない社会科学者や政治家にはその理由を理解できないだろう。かれらにとっての最高の価値は時間と空間を超越したところに関連するのであり、地上でお金で買えるものではないのだから。

不運なことに、宗教と宗教的価値観に対してしばしば嘲笑的である西洋の態度によって、いまも混乱が引き起こされている。最近、J・ハロルド・エレンズという学者が「いまや原理主義は心理学的な病理だと理解できる」と断言したが、これは独断に近い。エレンズは、しっかりと保たれている正統派の教えも心理学的現象へと単純化する。もちろん実証的には、この主張を確認することも退けることもできない。「たいていの原理主義は、その歴史のある時点でひどい暴力に訴えた」というエレンズの議論は正しい。だが、原理主義に属さない多くの党派も何らかの暴力行為に訴えたことには言及しない。エレンズや他の西洋の研究者が理解できていないことは、暴力が人類全体に蔓延していて、宗教だけがそれをつくり出したのではないということである。

エレンズは、正統派の教えや原理主義に苦しめられる人のために、封じ込め政策のようなものを描いた。つまり、「みつけうる場所で原理主義を特定して、そのとおりに精神的な病理として定義して名づけ、それを引き受け、その暴力的な可能性を封じ込めて、できるだけその影響を減らすよう取り組まざるをえない」[10]。この冷淡な処方せんは、世俗化された思考をする多くの西洋人の助けになるだろう。このような見方は相手にしている原理主義をいくつかの点で本当に映し出しているとはいえ、宗教的価値を大切にしている集団の間に平和をつくり出す助けにはならない。研究者や外交官が現実の宗教の姿にだけ関与して、宗教がそうなろうと望む姿に関与しないうちは、純粋な平和を達成するための努力はほとんど実を結ばないだろう。

平和をつくり出そうとする人々は、ともに働く人々の宗教について学ぶことに時間とエネルギーを費やさねばならない。それぞれの集団が存在への脅威と感じているものについて注意深く耳を傾ければ、よりうまくいくだろう。原理主義や他の正統派の教えが病理的なものかどうかを考えたとしても、外部者にとって無意味である超越的な価値のために、世界各地で人々が進んで死のうとしてきた、という重要な点を本当に扱うことにはならない。宗教は、大きな善を受け入れる力があるにもかかわらず、危険な力であるし、そうあり続けるだろう。病気として片づけられたり知的な対話から追いやられたりするならば、よりいっそう危険である。

おそらく、研究者や外交官が、一見奇抜で無益であるように感じられる信仰をもつ人々にとっての宗教とその意味、価値観を理解しようとすることによって、平和への「白紙の道」は最もよく拓かれるだろう。そこに進んで携わるには、かなり謙虚になって、自分自身の信仰や確信も、相手にとっては同様に不思議なものにみえるという認識が必要となる。

次章では、いくつかの社会問題に絞って議論を続ける。そこでは、これまでの章と同様に、帝国的な聖なる交わりが広く行き渡っていることを示すことになる。

注

（1）例えば次を参照。J. Williams, "Earthquake in Rome," *The Tablet*, December 10, 2002. 〈http://www.

thetablet.co.uk/cgi-bin/archive_db.cgi?tablet-00673〉（二〇〇四年四月二四日閲覧）〔二〇一八年五月四日閲覧できず〕

（2）B. Keeler, "A Giant Among Popes," newsday.com, October 12, 2003. 〈http://www.newsday.com/news/nationworld/world/ny-popemain1012,0,4614240.story〉（二〇〇四年二月八日閲覧）〔二〇一八年五月一三日閲覧できず〕

（3）Uwe Siemon-Netro, "Analysis: Beheadings Cause Muslims Grief," *Washington Times*, 〈http://www.washingtontimes.com/upi-breaking/20040621-115445-7143r.htm〉（二〇〇四年七月六日閲覧）〔二〇一八年五月一五日閲覧できず〕

（4）S. Hanna, "Piecemeal Peace," *Eternity*, 32, December 1981, p. 30.

（5）M. L. King, Jr., "Letter From Birmingham City Jail," in *Why We Can't Wait*, New York: Penguin, 1964, pp. 77-100.〔マーチン・ルーサー・キング、中島和子・古川博巳訳「バーミングハムの獄中から考える」『黒人はなぜ待てないか』みすず書房、二〇〇〇年、九二〜一一八頁〕

（6）"Islamic-Catholic committee calls for peace prayers," *Independent Catholic News*, 2004. 〈http://www.indcatholicnews.com/ismco.html〉（二〇〇四年八月二三日閲覧）〔二〇一九年五月一八日現在、このＵＲＬでは閲覧できないが、以下で閲覧可能。https://www.indcatholicnews.com/news/8418〕

（7）次に引用されている。J. Ferguson, *War and Peace in the World's Religions*, New York: Oxford University Press, 1978, p. 29.〔原典は『ラーマーヤナ』の「戦争の巻」で、シーターがハヌマトに昔の物語として語った次の部分だと考えられる。「邪悪な行為をする他人の罪な行為に、知恵ある人は報復しない。善良な行為に飾られた善良な人々は、戒めを守るべきである。悪人に対しても善人に対しても、また殺害に値する者たちに対してさえも、慈悲の道を施すべきである。罪を犯さない者はあり得ない。世の人々の殺傷を喜び、残酷な悪行をなす者たちにさえも、不浄な悪行を加えてはならぬ」。ヴァールミーキ、中村了昭訳『新訳　ラーマーヤナ6』平凡社、二〇一三年、四三一～四三二頁〕

（8）　次に引用されている。R. Gandhi, "Hinduism and Peacebuilding," in H. Coward and G. S. Smith (eds.), *Religion and Peacebuilding,* Albany: State University Press of New York, 2004, p. 57.〔原典は『マハーバーラタ』の「教訓の巻」で、ビーシュマがユディシュティラに語った物語だと考えられる。息子をへびに咬まれて殺された老母ガウタミーに、そのへびを捕らえてきた猟師が「敵を殺すことが功徳となるように、このへびを殺せばあなたは必ず来世で功徳を得るでしょう」というが、ガウタミーは「敵を苦しめ殺してなんの益がありましょう。捕えた敵を放してやらないことでなんの功徳が得られるというのです」と答えた。山際素男編訳『マハーバーラタ　第八巻』三一書房、一九九七年、六頁〕

（9）　D. E. Stannard, *American Holocaust,* New York : Oxford University Press, 1992, p. 119.

（10）　J. H. Ellens, "Fundamentalism, Orthodoxy, and Violence," in J. H. Ellens (ed.), *Destructive Power of Religion: Violence in Judaism, Christianity and Islam,* Westport, CT: Praeger Publishers, 2004, pp. 139-140. 原理主義について、紛争と平和への複雑な関与を検討するバランスのとれた評価には次のものがある。R. S. Appleby, *The Ambivalence of the Sacred: Religion, Violence, and Reconciliation,* Lanham, MD: Rowman and Littlefield Publishers, 2000, pp. 95-104.

第8章　社会問題

いま、もしもキリスト教徒が、戦争、火あぶり、激怒、無分別、攻撃性、扇動、略奪、反乱などによって、従順な人々の場所ですべてをかき乱しているとしたら、どこに節制があるのか。……どこに人間性があるのか。そして最後に、キリストの従順で穏やかな魂はどこにあるのか。……恥だ。福音を説くという口実で、強欲な狼や残忍な強盗のようにキリストの法を破って、無垢の人々で満ちていた先住民の土地を貪欲に破壊した者は恥を知るべきだ！　だが主はおられる。この人々は主の手から逃れることはできない(1)。

ドミニコ会の神学者であり、初期のスペイン植民地で先住民を守ろうとしたバルトロメ・デ・ラス・カサスは、『先住民を擁護する』（一五四八～五〇年）のなかで迷うことなくこう主張した。先住民は堕落していて野蛮であり、自然法によってスペイン文明の保護下におかれるべき下等な人間の形態だと唱えた人々に対して反論したのである。その人々の理論によれば、スペイン人は先住民に改宗を強制できるし、新たな植民地経済に必要な多くの労働を強制できる。ラス・カサスはそれを否定した。

キリストと使徒の例に倣って、平和的な方法で改宗させるべきである。このようにすれば、キリストの真のメッセージは、その美しさと力を示せるのである。

ラス・カサスは、愛と正義と共感という、たいていの宗教に内在する原則のために戦った。人間の精神がもつ可能性を信じ、弱者に足かせをはめている政治と経済のさもしい現実に打ち勝つ宗教の力を信じた。政治権力、物質的な目的、そして、宗教の理想をむしばむような恐怖に対して戦い続けた。「他者」のための戦いであり、「他者」に対する戦いだった。

本章での関心は、社会問題をめぐる闘争のなかで対立しあう推進力をとらえることである。宗教が霊的な世界のみに後退することも、周りの世界を無視することもめったにない。若干の隠遁者や修道院の伝統ではそういうこともあるが、それが宗教史の本流を表すことはない。本章では、特に奴隷制、リベラリズム、社会問題、そしていわゆる現代の道徳倫理という問題を探究する。

◆奴隷制

ラス・カサスは奴隷制についてあいまいな態度をとっていたと批評者はいう。すなわち、一五一六年には、急速に減っている先住民の人口を補うために白人と黒人の奴隷をカリブに連れて行くという考えを支持した。一五一八年には奴隷制をアフリカ人に限るよう主張した。そして、のちにはこの立場を悔いて、アフリカ人奴隷も無条件に廃止するよう訴えた。奴隷についてのラス・カサスとその立ち位置をめぐる議論は、宗教と奴隷制をめぐって続いてきた論争を考えさせてくれる。奴隷制は、宗教が取り組んできた問題のすべてを含み込む中心的なものである。

キリスト教での歴史は議論の的となる。初期には奴隷がキリスト教を受け入れ、キリスト教徒が奴隷にされた。二世紀の教皇ピウス一世も奴隷出身である。奴隷制は社会秩序に組み込まれていて、廃止が唱えられることはあまりなかったが、奴隷の扱いについては関心が示された。教会は会議のたびに奴隷の保護、人間的な扱い、そして多くの場合に解放を求めた。社会秩序としての奴隷制の受容がそのまま霊的な階層化を意味したわけではない。奴隷も自由人も洗礼によって同等となる。キリスト教では神の国が近づくにしたがって奴隷制が有効性を失うと理解していた。そこでは文字どおり「ユダヤ人もギリシア人も、奴隷も自由人も、男も女もなく」なるだろう（『ガラテヤの信徒への手紙』三章二八節）。だが、『聖書』での予言はなかなか実現しなかった。

教会による解釈では、奴隷制に反対してきた長い歴史を強調する場合もある。奴隷制を罪と呼んで制度と奴隷所有者の両方を非難したピウス二世の「マグヌム・スケルス」（一四六二年）に始まる教皇の回勅という証拠はその議論のなかである程度の重要性を占めるが、だからといって多くのキリスト教国家のなかで奴隷制が続いたという現実を否定することはできない。

別の解釈では、宗教的精神ではなく物質的な動機が奴隷制廃止を導いたという。これについての事実関係は錯綜している。奴隷制廃止運動の起源はまずイギリスにあり、そこでは一八〇七年に奴隷貿易が廃止され、一八三三年にすべての植民地で奴隷が解放された。ポルトガルは、奴隷貿易が最悪の道徳的退廃とみる風潮のなか、赤道より北では禁止したが、南での貿易では利益を得ていた。イギリス領西インド諸島（ならびにキューバとブラジル）に関しては、経済面からの説明が説得力をもつ。一八世紀末に砂糖の生産はピークを迎え、生産過剰と価格低下が起こり、価格を上げるために生産を削減するようになった。奴隷経済の拡大のための土地があったキューバとブラジルはカトリック国であり、イギリス植民地や新たに独立したラテンアメリカ諸国よりも長く奴隷制が続いた。この指摘は正しい。しかし、砂糖経済と大西洋奴隷貿易が衰退する前から奴隷制度廃止運動が始まっていたことを認識するのも同様に重要である。

◈合衆国での奴隷制

一七九〇年代から一八四〇年代まで、第二次大覚醒として知られる動きが合衆国で起こった。改悛と改革への呼びかけ、そして霊的な回心を経験した罪人の救いを説く説教師が群衆を魅了した。メソディスト、長老派、バプティスト、会衆派がこの感情を満たす先頭に立った。個人の救いに加えて、説教師はより広い社会問題の善悪について考察した。いまや見逃すことができない最も邪悪なものは奴隷制だった。奴隷制の存在は、さらなる正義とキリスト教の社会秩序をつくり出す妨げとなっていた。だが、すべての復興論者が奴隷制を非難したわけではなく、ましてや黒人と白人の間の平等まで主張した者はほとんどいなかった。

一八世紀のキリスト教復興から重要なものがつくり出された。アフリカ系アメリカ人の教会である。黒人は、奴隷も自由人もこの復興に加わり、白人の伝道者のやり方を多く使って、独自の教会をつくった。そして、一八一六年にアフリカン・メソディスト教会として明確な組織となった。この教会は東部と中西部の各地で着実に拡大し、南北戦争の後、黒人が自ら宗教を選べるようになると、この教会に殺到して、小さなセクトから影響力のある宗派へと急速に変容した。

合衆国では奴隷制をめぐる地域間の亀裂のために南北戦争が引き起こされた。宗教は両方の側で行動を正当化するために使われた。南部では、奴隷制擁護論者が、奴隷制を容認する根拠を『旧約聖書』にみつけた。南部社会は二世紀にわたって、寛容と探求のキリスト教ではなく、支配と排他性のキリスト教によって育まれてきた。近代にますます適合できなくなっていく社会を守るための砦が、キリスト教だったのである。北部での奴隷制廃止論者も同様に『聖書』に指針を求め、こちらではイエス・キリストの精神にある愛、慈善、そして平等を強調する『新約聖書』の教えに依拠した。奴隷制をめぐって、合衆国で主要な位置を占める長老派、メソディスト、バプティストが分裂した。奴隷制を擁護した南部バプティスト連盟（一八四五年）は最も有力な南部の教会であり、二〇世紀に合衆国で最大のプロテスタント宗派へと拡大した。

合衆国の南北戦争によって南北アメリカの奴隷制が終わったわけではない。ようやく実現したのは一八八八年にブラジルが勅令によって廃止したときである。しかし、この話にはさらに嘆かわしい終章があった。ブラジルの一例がそれを明らかにしてくれる。一九八〇年代、ブラジルのサトウキビ産業は「七〇〇〇人の先住民による奴隷あるいは半奴隷的な労働の上に成り立っていた」のである(2)。ブラジルでの一九八〇年代が一八八〇年代と違う点は、奴隷制が社会の周辺のみに存在することと、あらゆる政治的な派閥がそれを拒否していることである。過去と同様に、キリスト教の諸集団が、この現代の奴隷制の形態を廃止する運動の先頭に立っている。

◆イスラム教と奴隷制

イスラム教ではキリスト教ほど奴隷制を批判的に解釈しないことが多い。奴隷は戦争によってのみ得られるものであり、ムスリムは（少なくとも神学上は）防衛的な戦争でしか戦えないため、キリスト教諸国民の間で発展した大西洋奴隷貿易に匹敵するものがムスリムの領域には存在しない。女性と子どもを含む奴隷制を受容したが、主人は奴隷をよく扱うべきだとも説いた。奴隷は財産を所有する権利をもち、高位の官職も務め、いくつかの事例では最終的に自分の自由を買い戻す権利ももっていた。ムスリムでも奴隷解放を促すことがあり、それは徳の高い行為だと考えられた。イスラム教社会の見方は、ヨーロッパやさらには合衆国の研究者が北アフリカや中東を研究するにつれて広く受け入れられるようになった。奴隷制は、キリスト教徒の間でよりもムスリムの間での方がより人間的だったという結論にたどり着いたのである。

一九世紀末までにムスリムは奴隷制を論じるようになり、預言者ムハンマドが奴隷制について書いたときに、最終的に何を意図していたのかを問い始めた。奴隷制が時代遅れになって、近代の慣習が生じる前に消滅すると信じられていたという主張もあった。「イスラム教の奴隷制は婚姻法、商法、そして相続や制度の法に織り込まれていて、その廃止はムハンマドの法典の基本にとって打撃となる」と考える者もいた[3]。現実には一九世紀末にも奴隷制は多くの国で根を下ろしており、批判は広がらなかった。レオ一三世は、一八八八年の回勅「イン・プルーリムス」でブラジルに奴隷制廃止を勧め、また、年に四〇万人に達する奴隷貿易がムスリムによって行われていることを嘆いた。奴隷制をめぐる論争は、ついに一九七〇年にオマーンでの奴隷制廃止に至った。オマーンは奴隷制と奴隷貿易を公式にやめた最後の中東の国となった。

ムスリム世界で奴隷制廃止が広まっても、それが根絶に至ったわけではなかった。スーダンでの状況は、奴隷制が浸透していることを示す最もはなはだしい例である。スーダンでの奴隷制は体制への反対者を攻撃する残酷な政治キャンペーンの一部であり、南部のキリスト教徒に対して嫌悪が向けられた。一九九〇年代末には宗教と政治の指導者が世界中でスーダンでの恐怖に反対の声をあげ始めたが、本書の執筆時点では状況を変えるまでに至っていない〔二〇一一年、南部が独立し南スーダン共和国が成立したが、西部ダルフール問題は継続している〕。

◆アジアでの奴隷制

アジアでの奴隷制の概要に言及することで、実際の神学ならびに文化がこの制度の発展にいかに異なる影響を与えるかが理解できるだろう。アジア世界において奴隷制は長い歴史をもつ。仏教のサンガ（出家者の共同体）には奴隷制があった。神学的には、生死の循環と、最終的には地上のつながりから個人が解放されることをヒンドゥー教も仏教も信じていた。ヒンドゥー社会の底辺に位置する不可触民の多くは、過去の生によってつくり出されたのである。結果的に、ヒンドゥー教の場合、カースト制が奴隷制の代わりとなった。

奴隷制の歴史が描き出すのは、何よりもまず、宗教が常に時代につなぎ止められていて、自らが存在する社会にしっかりと固定されていることである。先見の明のある者はときに一歩先に進み、伝統的な慣習を揺さぶる方法で語った。ラス・カサスはそのような人だった。問題に目を向けたが、先住民とアフリカ人の汗を物質的な基盤としてつくられた文化を動かすことはできなかった。だが、抑圧された人々を解放するための闘争としてその遺産は受け継がれた。

◆リベラリズム

奴隷制への非難は個人と社会に対する新しい見方と結びついた。個人の権利について、そしてその権利を支える新しい政治機構の必要性についての新しい思考は、君主と貴族による支配と衝突し、ヨーロッパの旧体制が批判された。市民は立憲主義、個人の権利、広範な自由、財産への広範な権利を要求し、教育、結婚、病院、埋葬の国家管理を求めた。同時に、もの、ひと、資本の移動の自由を求めた。これらすべてが一九世紀のリベラリズムの政治に含まれていた。

カトリックの公式な教義はリベラリズムの進路をふさいでいた。最もよく知られているのは、「教皇ピウス九世が、会議での訓話、回勅、他の使徒書簡において述べた、われわれの時代の特に重要な誤りを集めた表」（一八六四年）である。普通は「誤謬表」と呼ばれ、一九世紀カトリック教会の反リベラリズムのカリカチュアと呼べるような文書である。それは一九世紀に起こったほとんどすべてに反対した。つまり、教育と出版の自由、人民による政治、労働組合、新たな政治イデオロギー、家庭の問題への国家の介入などである。要約するなら、この「誤謬表」の第八〇番の項目にあるように、教会は「進歩、リベラリズム、そして現代文明」に直面している。[4]それは、年々強まる新しい社会潮流を断罪して、説教と訓戒によって抵抗する防衛戦だった。

一九世紀の古典的なリベラリズムと二〇世紀末の変種の間にある多くの違いにもかかわらず、連続性を導く一本の糸が存在する。リベラリズム（いまや敵対者からは唯物論と国家主義にすぎないとレッテルを貼られるが）と宗教（公式の宗教と非公式の宗教の両方）の間の対立である。サミュエル・ハンティントンは状況を適切に理解してこう書いた。

より広くみるならば、世界中での宗教の復興は、世俗主義、道徳の相対主義、そして自分勝手に対する反動であり、秩序、規律、労働、相互扶助、人間の連帯という価値観の再肯定である。宗教の諸集団は国家の官僚機構がないがしろにしてきた社会的な要求を満たすのである。[5]

合衆国の多くの保守派にとって、ジョージ・W・ブッシュの大統領再選（二〇〇四年）は、「伝統的価値」がリベラリズムに勝利したことを知らせるしるしとなった。

◆社会問題

リベラリズムは、一九世紀に「社会問題」が緊急課題として注目されるのを助けた。都市は生存をかけて苦闘する人であふれていた。工場は多くの労働者を求めたが、労働者にとっては仕事がみつかれば幸運だった。労働者が自分の状況を改善するのに役立つような規定はほとんどなかった。階級意識が強まり、経営側ならびに国家と衝突した。個人には自分の利益を守るための力がなく、互いにつながって協会を結成し、さらに利益を守るために労働者団体を結成した。

一九世紀半ばに諸々の急進的な「主義」が現れたことによって、宗教が社会問題に取り組む緊急性が増した。社会主義、共産主義、アナーキズム、そしてそれらの混合物が、工業化と都市化によってつくり出されて増大していく不安に対応した。生活が変化し、伝統的な政治の手に負えなくなり、新しいものが現れた。キリスト教も同様に変化して新たな神学を唱えた。最も極端なものではキリスト教社会主義がある。たいていのキリスト教徒は革命的な変化の結果を恐れてそこまで進もうとしなかったが、社会改良の神学を熱烈に支持する人は多かった。「社会的福音」と「レールム・ノワールム」は、新しい秩序の不公正に対する宗教からの攻勢のなかで最も強力で影響力があった。

◆社会的福音

アメリカの新興工業地域では、都市の貧困と不潔さに衝撃を受けて、失業、非識字、病と闘うための対策と『聖書』を手にしたキリスト教徒が、スラムへ入っていった。この運動は社会的福音と呼ばれるようになり、『聖書』を進歩主義的に解釈して、キリスト教原理への信仰と社会活動を結び合わせる先例となった。この結合から新しい神学が発展した。新たな「神の王国」は、宗派的な宗教の見方に基づく伝統的な神学概念をそっと追い出した。この「神の王国」は、社会の悪に打ち勝つことができるほど力強いキリスト教信仰のことであった。この神学は、慈善という新しい倫理に関心を向けて、倫理的道徳的な活動という、外へ向かう精神性を強調した。

バプティストの説教師で神学校教授のウォルター・ラウシェンブッシュは『神と人々のために――社会的覚醒のための祈り』（一九一〇年）で新たな祈りのかたちを提唱した。それは、他の時代と場所のための不毛で伝統的な祈りではなく、二〇世紀初期の新たなソドムとゴモラのなかですべての人を助けることになるだろう。そのメッセージは広く流布し、社会的闘争のなかでの武器として祈りを用いることにつながった。

改革運動のうち二つの要素が、文化に深く入り込んで永続的な影響を与えた。一八六五年のイギリスに起源をもつ救世軍は、一九世紀に始まった改革運動のなかで最も長く生き残った。ジョン・ウェスリーとメソディストの伝統を基礎にし、貧しい人々のために寄付を集めるクリスマス十字軍ならびに慈善目的の格安中古品店のネットワークが最もよく知られている。イギリスが世界中に帝国を広げるのに従って救世軍は展開し、いまや一〇〇を超える国で活動している。

宗教に駆り立てられたもう一つの社会的な綱領は禁酒運動である。アルコールの濫用は社会的な意識をもつ人々を長い間悩ませてきた。社会問題に対する興奮によって、改革者の間に新しい契機が訪れ、合衆国では女性たちが団結して女性キリスト教禁酒連合をつくった。この人々にとってアルコールは敵で悪魔の仕業であり腐敗と絶望の媒体だった。この運動は一時的だったが大きく成功した。それは合衆国憲法修正第一八条（一九一九年に批准）が次のように宣言したことによる。「合衆国およびその管轄権に属するすべての領土において、飲用の目的で、酔いを起こす酒精飲料を製造、販売もしくは運搬し、またはその輸入もしくは輸出を行うことを禁止する」。

社会的福音は、慈善団体の活動を超えて、国内的にも国際的にも政府の政策に影響を及ぼそうと努力した。富と活気に満ち、成功を誇っていた合衆国は、経済とともに生活様式も輸出しようとした。アメリカの宗教であるプロテスタントは道徳と善の推進力であり、この国の成功と密接に関係すると考えられた。会衆派の牧師ジョサイア・ストロングは『私たちの国――可能な未来と現在の危機』（一八八五年）で新しいタイプのマニフェスト・デスティニーを唱え、合衆国がその宗教を地球の果てにまで届ける運命にあると説いた。帝国主義が道徳と提携して、海外への拡張を好む者たちを元気づけたのである。ストロングはこう歴史を解釈する。

一六世紀の大改革が、ラテン人の間ではなく、チュートン人の間で始まったのは、偶然ではない。教皇の絶対主義に対して自由の火をつけたのは、サクソン人の心に燃える自由の炎だった。……世界中の霊的なキリスト教のほとんどは、アングロ・サクソン人とそれがもたらした改宗者の間にみつけられる。それは偉大な伝道の人種だからだ。……世界に福音を伝えることを期待できるのは、主としてイギリス人とアメリカ人なのである。(6)

◆富の福音

富の福音は、社会的福音にひねりを加えたものである。アンドリュー・カーネギーが唱えた富の福音によれば、才能ある人には富を蓄える権利と義務がある。一九世紀に合衆国を吹き抜けた産業の転換に伴う文化によって、富の蓄積は合法とされただけでなく、聖なることとされた。カーネギーは市民的義務が富に付随することも明らかにした。豊かな者は、図書館、博物館、そして学校などの組織と機構をつくるべきであり、それは貧しい者の心と精神を向上させるだろう。

富の福音はキリストの言葉を繰り返すにすぎない。神に召されて横になり母なる大地に抱かれて眠りにつく前に、自分の土地を仲間のために運営して、所有物のすべてを売って最も高尚で良好なかたちで貧者に与えることを、百万長者に求めるのだ。(7)

実業界のあらゆる指導者は、貪欲で腐敗した悪徳資本家であり、自分の利益のためだけに行動する。そのような解釈は単純すぎて誤りであることを、カーネギーの思想は示している。

◆「レールム・ノワールム」

カトリックの社会行動も始まった。一八八〇年代の合衆国で、経済の急進的な再編を要求した労働騎士団は否定的な評判を生み、革命への恐怖を広げた。教皇庁は労働運動に批判的な反応を示したので、合衆国の司教たちはこの騎士団を批判する教皇庁の布告が出るのではないかと心配した。騎士団員の多くは実践的なカトリック信徒だったからである。ボルティモア大司教のジェイムズ・ギボンズ枢機卿は、この騎士団を批判するのは誤りだと記した。

将来の大きな問題は戦争や商業や金融の問題ではなく、社会問題、つまり、人類のなかの大集団、特に労働者の状況を改善することに関わる問題だということがすべての人に認識されている。教会が常に、人類という家族のなかでの多数者に対する正義ならびに人間性の側に立つことが、明らかにこのうえなく重要なのである(8)。

英語で「労働者階級の境遇について」として言及される教皇レオ一三世による一八九一年の回勅「レールム・ノワールム」は、鍵となる社会問題へのカトリックによる解決法を提供した。レオ一三世は労働者の不満を抑えようとしただけだと批判されるが、このような認識は回勅を正当に評価していない。教皇は、自然法の原則である個人所有を中心に議論を組み立て、社会主義を無条件に否定した一方で、労働者が自分の利益を守るために組織する権利と、そのような組織を支援するという国家の当然の責任を認めた。国家はすべての階級の面倒をみる責任がある一方で、富者のように自分自身を守る資源をもたない貧者に特別の注意を払う必要があるという。

レオ一三世は、慈善というキリスト教の美徳がなければ政治に意味はないと理解した。社会がよい状態にあるためには道徳が頼りであり、道徳は慈善を頼りとする。ここで慈善は、高い身分に伴う義務、つまり、富者は貧者に富を与えるという概念と混同されるべきではない。そうではなくて、慈善はキリストの愛であり、キリストの神秘に属する個々人から発するすべての根本的な善の認識なのである。レールム・ノワールム以後、社会問題を扱う回勅は、社会問題に取り組む際の根本的なキリスト教原理の役割を認識して、この原理を繰り返し示すようになる。

新たな社会思想は、労働者がいまや現世で幸福になる権利をもち、教会はこの幸福を達成するよう助ける責任があると信じた。平準化や完全な社会的平等はありえないだろうが、貧者にはよい生活への権利があると認めた。だが、いまやこの責任を単に認めるだけではすまなくなった。宗教組織と市民組織はこれに取り組まねばならなかったのである。

◈イスラム教と改革

ムスリム世界のほとんどで西洋よりも遅れて都市化と工業化が始まったことは、社会政策を定める際の宗教の役割にも影響した。イスラム教の神学も動いた。それは身体と精神の、そして宗教と世俗のことがらの一体性を強調した。サイイド・クトゥブはこれを社会問題についてもあてはめた。キリスト教と共産主義の間にあるような敵対を支える基盤は、イスラム教と社会正義の闘争の間にはない。イスラム教は社会正義という基本原則を命じ、富者の富に対する貧者の要求を認めるからだ。それは権力とお金に対する公正な原則を規定するので、人々の心を麻痺させて、天国での期待のために地上での権利を無視するよう呼びかける必要がないのである(9)。

クトゥブによれば、イスラム教はすべてを含むので、それを超えて社会問題の解決を探す必要はないという。現在の状況にイスラム教をどう適用するのかをみつけるだけで十分なのである。

こう信じることによって、宗教と社会改革が強力に結びつく舞台装置が据えられる。ワッハーブ派は、貧者に対する社会的な綱領と新しいウンマの形成を強く主張したために、多くの信者を引きつけた。まもなく、社会的な綱領よりも、極端な宗教的、政治的主張がワッハーブ派を特徴づけるようになる。この運動はあらゆるかたちの神秘主義や聖者崇拝を非難した。真の神に対する侮辱だと信じて、ムハンマドの墓への崇拝を攻撃した。スーフィーの聖者への崇拝は、イスラム教の不純化として特に嫌うと同時に、そのような嫌悪をより広い社会的視点への関心と結びつけた。こうして社会改革は、異論をまったく認めずに正統な神政を再建しようとする戦闘的なイスラム教と組み合わさった。このような視点からみると、ワッハーブ派にはファシズムと共産主義という現代の政治イデオロギーじみたところがある。いずれも社会の向上を約束する一方で、同様に権力への完全な服従を要求したからである。

イスラム教の改革エネルギーの多くは、ヨーロッパの拡大とオスマン帝国の権力に対して向けられた。例えばスーダンの改革者は、オスマン帝国に対して戦うと同時に禁欲的な社会秩序を強要し、飲酒や他の放蕩を排除しようとした。抑圧者を真似ることでそこから独立できると信じて、模倣を提案する者もいた。すべては近代化という衣に包まれていた。西洋モデルに基づく教育が鍵となった。インドのムスリム改革者サイイド・アフマド・ハーンは、多くの科学を取り入れることで信仰と理性を調和できるような新しい世代を育てるという目的から、一八七五年にムハマダン・アングロ・オリエンタル・カレッジを創設した。

改革者はウラマーの力を弱めようとした。ウラマーはイスラム教を法の面で過去につなぎ止めていたからである。一九世紀末までに、女性の地位が改革者の注意を引くようになった。女性たちは教育機会、政治的自由、そして市民権の制限に直面していた。伝統的な結婚の契約はその力を厳しく限定し、財産の管理も、夫の虐待からの保護も、ほとんどあるいはまったくできなかった。改革者たちは、ムスリムの生活の一部となっていた女性への差別的扱いを禁止する社会的な立法を推進した。これは第一次世界大戦後のトルコで完全に表現された。古いオスマン帝国の規制を廃して、ケマル・アタテュルクが広範な市民的自由を導入したときのことである。

未来と同じくらい過去を重視する改革者もいた。ムスリム同胞団は活力あるイデオロギーを与えた。

同胞団は、一九二八年にエジプトでハサン・アルバンナーによって創設され、イギリス支配からの解放を求めるとともに、イスラム教の価値を強く固守することでそれを実現しようとした。インドでも同様の組織（ジャマーアテ・イスラーミー）が一九四一年に結成された。

同砲団もジャマーアテも、イスラム教はすべてを包括し、生活を豊かに導くと信じた。サイイド・クトゥブは、敬意を払われてきた文明としてのイスラム教が衰退したのは、イスラム教がまさに『クルアーン』を見捨てたからだと論じた。ムスリムは喜捨を拒否し、貧者を無視し、高い利息を課し、贅沢に暮らしている。敬意、関与、相互扶助など、『クルアーン』にみつけることができる社会的な戒律をもしもしっかりと守るならば、社会問題は解決されるだろうし、イスラム教文明は過去の偉大なものへと復帰できるだろうと論じている。

◆ユダヤ教

何世紀もの展開のなかで、社会に手を差し伸べてそれを変えようというユダヤ教徒の活力と行動は、社会的な諸勢力によって妨げられてきた。ゲットーに密集し、政治や経済面での厳しい規制にしばしば直面したことにより、社会の変容ではなく文化的な生き残りが主要目的となった。シナゴーグは避難の場所として機能し、非情な中世社会に対する最良の砦となったが、改革者の運動を育てる場所にはならなかった。一九世紀はユダヤ教と世界との関係に重要な変化をもたらした。のちにユダヤ教改革派と呼ばれるものは、厳格な正統派信仰から退いて、同時代の世界を向いた。近代を受け入れて、居住地の言葉を礼拝でも使い、自分が住む社会の完全な成員となろうとした。宗教を捨ててユダヤ文化のみを保つ者もいた。

たいていのユダヤ教徒は、カトリックやプロテスタントと同様に、社会主義ではなく、穏健だが包括的な改革を支持した。アメリカ・ラビ中央会議は、「シナゴーグと労使関係についての委員会による一九一八年報告」において、社会変化に関する一八の原則と目標を示した。この報告は当時の進歩的な改革運動の多くと類似している。最低賃金、一日八時間労働、労働者の団結権、児童労働の禁止、よりよい労働環境などのすべては交渉の席でみつけられるものだった（そして一九三〇年代のニューディール政策にもみられた）[10]。社会正義に対するユダヤ教徒の継続的な取り組みは、次のように簡潔にまとめられる。「ユダヤ教の宗教体は、そして間違いなく改革派のシナゴーグは、深い責任をもつ。私たちの信仰を具体的な社会的活動へと変えることによって、民主主義と正義の理念が強まるよう求めるべきである[11]」。

◆アジアの対応

一九世紀末にアジアの諸宗教は、ヒンドゥー教や仏教の伝統的原則を同時代の社会問題に応用し始めた。イギリスの軍隊とともにやってきたキリスト教の伝道師から影響を受けて、インド社会にみられた社会面と経済面での深い分裂に取り組むようになった。社会、教育、医療サービスが、ヒンドゥー教の僧院（マタ）としばしば連携するかたちで提供された。

仏教は社会問題と絶縁したというのが以前からの評価である。仏教徒にとっての価値は自己実現を通して得られ、ブッダによって表明された否定という厳しい方法に従うことで達成されるからだ、というのである。このステレオタイプにはある程度の真実があるが、仏教にも社会問題に取り組んだ独自の歴史があることを認識していない。仏教寺院も、祈りと瞑想に加えて社会への奉仕を提供してきた。仏教徒は飢えた者や家のない者たちに手を差し伸べた、あるいは、開かれていたといったほうがいいだろう。部分的には西洋思想に、そして部分的には仏教の深い伝統と価値観に影響されて、仏教の社会思想と活動は一九世紀に大きな勢いを得た。

タイの仏教の専門家であるスラック・シワラックは一九八〇年代に状況を説明した。工業化と都市化が起こり、社会が複雑になって、伝統的な仏教はどう対処すべきかわかっていない。仏教は変わらねばならない。結局のところ仏教は、すべての生がより広い関係の網のなかで相互に結びついていることを強調する宗教である。この網を作動させる本質的なものは、慈悲あるいは共感、配慮、助言である。仏教徒はサンガという伝統に目を向けて、経済面や社会面での多くの貢献について自信をもって話すことができる。シワラックのいう新しい仏教とは、「人間性の開発と発展と形成に対して仏教がもっていると考えられる人道主義、愛、寛容、悟りという特性が、学校、病院、文化組織、そして政党に浸透して、それらを治めることを意味する(12)」。

◆解放の神学

二〇世紀後半、解放の神学が宗教の目的をめぐる議論に火をつけた。その起源は一九世紀の「政治的神学」、そして、社会的福音とレールム・ノワールムに表される改革への要求である。それはすぐに世界中に広まった。世界から人々を救うだけではなく、世界を救うことを目的とする新しい神学だった。

ペルーのグスタボ・グティエレスは『解放の神学』（一九七一年）で次のようにその原理を要約した。鍵となる概念は実践であり、宗教的な関与や信仰に由来する行動である。悪は悪だと信仰がいうのならば、悪に立ち向かわねばならない。行動が意味をもつためには、社会情勢に根づいていなければならない。社会情勢は歴史的な状況に左右される。歴史が社会をつくり、そして社会が神学をつくるのだから、神学が意味と目的をもつためには実践へと向かわねばならない。ここで根本的な点は、神学が、時間を超えた伝統によってつくり出される不変のものではなく、時代を反映したものだということである。

グティエレスは、一九七〇年代に論集『歴史における貧者の力』で「歴史の裏側の神学」について記した。そこで歴史と宗教を研究する者にとって意義深いことを次のように書いている。

キリスト教の歴史も西洋の白人のブルジョワの手で書かれてきた。私たちは「先住民の鞭打たれたキリストたち」の記憶を、そして、そのなかにあるすべての貧しい人、現世の支配による犠牲者の記憶を取り戻さなければならない。この記憶は、文化的な表現のなかに、民衆の宗教のなかに、そして、教会という組織の押し付けに対する抵抗のなかに生き続けている。……すべての歴史を通して、抑圧されながらもよみがえる神学があった。それは貧者の闘争から生み出されたものである。歴史のなかで貧者の足跡を追うことが、解放の神学にとって喫緊の課題である。それは固有の歴史的連続性という課題である。この長い旅でのいくつもの重大な出来事や人々について学ばれねばならない。つまり、原始キリスト教共同体、最初の数世紀の偉大な牧者や神学者、中世のフィオーレのヨアキムとフランシスコの運動、一五世紀のフス派の運動、一六世紀のトマス・ミュンツァーとドイツ農民戦争、バルトロメ・デ・ラス・カサスと先住民の擁護、司教フアン・デル・バレ、そして、同時代のラテンアメリカにいた多くの人々である。(13)

貧者、退けられた者、うちひしがれた人々が、新たな神学の注意をひいた。「あとのものが先になるだろう」というキリストの言葉に従って、解放の神学は、貧者を堪えられない状況から解き放つことを目的とした。罪は個人だけにあるのではなく社会にもあり、歴史的状況の一部である（レールム・ノワールム以後のカトリック教会による社会的な回勅は、それを暗に示していた）。この点は強調する必要がある。ラテンアメリカで急速に成長したペンテコステ派は個人を強調したが、解放の神学は共同体を強調した。貧者の群れは社会の根本的な再構築を必要としている。問いが単純であることに驚かされるけれども、答えは複雑である。宗教はどうすれば社会秩序を変えられるのか。

一九六八年にコロンビアのメデジンで開かれた第二回ラテンアメリカ司教会議では、この問題を解く助けになる二つの力強い文書が現れた。「正義のための文書」と「平和のための文書」は、政治過程に人々が参加する必要を訴えた。さらに、開発と低開発についてのよく知られた論理を借りて、内外の植民地主義について語る。国内の植民地主義は、伝統的な大土地所有者と商工業ブルジョワジーという支配階級を、労働者あるいは単に生存のためにあがいている従属階級と対立させる。国際的な植民地主義は、貧しい国を豊かな国と対立させ、国内の植民地主義を支える。このような植民地主義を覆さないかぎり、正義は達成できない。司教たちにとって、正義のために「正しい秩序の形成が前提であり必要である。そこでは人が人として自己実現でき、尊厳が重んじられ、正当な望みがかない、真実を手に入れることが認められ、個人の自由が保障される。その秩序において、人は客体ではなく、自分自身の歴史の行為者となる[14]」。

◈新たな問題、新たな神学

解放の神学には多くの近縁者があり、いずれも、神学が意味と目的をもつためには歴史的状況に対応すべきだと主張する。フェミニスト神学、黒人神学、エコ神学は、いまの時代に根をもち、歴史的状況の変化によって出現した。

エコ神学は、新しい神学として最も強力に台頭するものの一つになるだろう。脅威にさらされている地球のために精神的な基礎を提供するからである。とりわけ大地を崇敬する宗教もあり、自然を霊感の源とする宗教もある。ヒンドゥー教の聖地の多くは地と水に関連する。ガンジス川は最もよく知られ、毎年数百万人の巡礼者が訪れる。だが、人間、動物、工業によって汚染され、一九八〇年代のインドでは最も健康に危険のある場所の一つとなった。一九八五年に、宗教団体、政治団体、経済団体が、ろ過と水質浄化の設備をつくって、ガンジス川を救おうと必死の努力を始めた。この戦いはまだ緒に就いたばかりである。

アメリカ先住民の宗教も、特に大地に対して崇敬を示す。先住民による精神的な運動と環境運動が二〇世紀末に強まったけれども、環境政策にもっと大きな影響を与えられるはずである。問題の一端は（あるいは少なくとも論理の筋道として）合衆国のキリスト教文化が環境に対して冷淡なことである。キリスト教神学のなかでエコ神学と環境正義は近年にできた概念である。一九七〇年代以降、研究者と神学者が、証拠へと、つまり『聖書』へと向かうようになり、地球に優しい神学に向けて、ユダヤ教・キリスト教的な原則を支持したり、誤りを指摘したりしている。水とその浄化力は、キリスト教思想がエコ神学に向かう潜在力を示す最も明白な例である。全五巻の「アース・バイブル・プロジェクト」はこの研究と考察の多くの成果を含んでいる。

エコ神学は、歴史と大地、風、水との根本的な関係に取り組む。社会問題はもはや市民的な地位、経済的な豊かさ、あるいは民族や宗教への帰属に狭く限られるものではない。これらは生命という一体性と複合性がもつ広いパターンの一部でしかない。この新しい神学が世界の問題を解決することはないだろうが、過去が何らかの導き手となるならば、社会正義という大義を前進させることはあるだろう。

注

（1） B. de Las Casas. *In Defense of the Indians,* trans. C. M. Stafford Poole, DeKalb: Northern Illinois University Press, 1992, pp. 288-289.

（2） "Brazilian Government Recognizes Slave Labor"（1995）, published in J. P. Rodriguez, *Chronology of World Slavery,* Santa Barbara: ABC-CLIO, 1999, pp. 502-503.

（3） T. P. Hughes, *A Dictionary of Islam,* Lahore: Premier Book House, 1964, reprint of 1885 edition, p. 75.

（4） C. Carlen（ed.）, "Syllabus," *The Papal Encyclicals,* vol. 4, Raleigh: McGrath, 1981, p. 80.

（5） S. P. Huntington, *The Clash of Civilizations: Remaking of World Order,* New York: Touchstone, 1997, p. 98.〔サミュエル・ハンチントン、鈴木主税訳『文明の衝突』集英社、一九九八年、一四四頁〕

（6） J. Strong, *Our Country,* Cambridge, MA: Harvard University Press, 1963, p. 201.

（7） A. Carnegie, *The Gospel of Wealth and Other Timely Essays,* Cambridge, MA: Harvard University Press, 1962, p. 49.〔アンドリュー・カーネギー、田中孝顕訳『富の福音』きこ書房、二〇一八年、九三頁〕

（8） "The Memorial on the Knights of Labor," 1887, in H. J. Browne, *The Catholic Church and the Knights of Labor,* Washington, DC: The Catholic University of America Press, 1948, pp. 365-378.

（9） S. Qutb, *Social Justice in Islam,* trans. J. B. Hardie, rev. H. Algar, Oneonata, NY: Islamic Publications

International, 2000, pp. 33–34.

(10) "1918 Report of Committee on Synagogue and Industrial Relations," in A. Vorspan and E. J. Lipman, *Justice and Judaism: The Work of Social Action,* New York: Union of American Hebrew Congregations, 1964, pp. 253–254.

(11) "A Statement of Basic Principles on the Synagogue and Social Action," in Vorspan and Lipman, *Justice and Judaism,* 1955, p. 247.

(12) S. Sivaraksa, "Buddhism in a World of Change," in F. Eppsteiner (ed.), *The Path of Compassion: Writings on Socially Engaged Buddhism,* Berkeley: Parallax Press, 1988, pp. 9–18, 50.

(13) G. Gutiérrez, *The Power of the Poor in History,* trans. R. R. Barr, Maryknoll, NY: Orbis Books, 1983, pp. 201–202.

(14) D. J. O'Brien and T. A. Shannon (eds.), *Renewing the Earth: Catholic Documents on Peace, Justice, and Liberation,* New York: Doubleday, 1977, p. 565.

第9章　聖者と罪人

「少しでもまじめに歴史を読んだことのあるほとんどすべての人は、ある論争に神の偉大な姿が現れるときに、それがさほど的外れではないということを知っている」[1]。アメリカのよく知られた叙述家スチュワート・ホルブルックのこの意見は、あながち的外れでもないだろう。訓練を受けた歴史家はこのような一般化を証明するのが不可能だとわかっている一方で、そこに含まれるかもしれない真実の要素を理解しようと試みてもいる。表面的に読む者ですら、歴史を通して、宗教が、社会に恩恵を与えたのと同時に、対立と分裂を促したことも理解する。この三世紀の間では、社会的な恩恵に刺激を与えた多くが宗教感情だったということを確認できる。そしてその反対のことも起こってきた。宗教は、神の名で引き金を引こうとする極端な者たちを生み出す豊かな土壌としても役立ってきたからだ。

宗教は、人間が究極の意味を理解するときの中心となる。この核となる性質によって、なぜ個人や集団が善や悪の行動へと動機づけられるのかを、宗教が示してくれるかもしれない理由が説明できる。本章では、様々な宗教の伝統における善と悪の問題を考える。この主題は複雑である。なぜなら、ある社会では卑しむべき悪の定義が、別の社会では至高の善の定義となりうるからである。ムスリム原理主義の一派は、女性と子どもも含む非戦闘員を殺すことが神の完璧なる意志を成就すると主張する。だが、ムスリムの大多数と、キリスト教徒、ユダヤ教徒、仏教徒、そして他の宗教の信者は、このような行為は非難されるべき悪だと断罪する。暴力が自集団の内部へ向かう場合も含めて、多くの宗教団体で、宗教上の暴力についての解釈が極端になっている。一九九六年には、高学歴の三九人の弟子とその指導者マーシャル・ヘルフ・アップルホワイトがカリフォルニアの家で自ら命を絶った。この人々は、「天国の門」を通ることで、高次の生命体がはるかによい世界へと導いてくれると信じた。一方、地上では、家族と友人が嘆き悲しんだ。このような行動を取らせるほどの悪を、その日までほとんどの人が把握できなかったのである。

あらゆる宗教的な伝統は、分裂を生むような内部の緊張や対立を不可避的に経験している。キリスト教徒として多くの点を共有しながらも、一六～一七世紀のプロテスタントはカトリックの魂のなかに悪魔を見出し、カトリックはプロテスタントを危険な背教者として描いた。ウェストファリア条約（一六四八年）で三十年戦争が終わったとき、大陸のヨーロッパ人は、永遠に続くかのように思われる殺戮を目の当たりにして疲れ果て、あらゆる宗教戦争を終わらせようと懸命だった。教皇インノケンティウス一〇世は、条約を無効にしてふたたび戦いに火をつけようとしたが、ヨーロッパのほとんどの指導者はあっさりとそれを無視して、良識が勝利した。

インドとパキスタンのシク教は、その起源となったヒンドゥー教ならびにイスラム教と、哲学と神学において多くの点で共通する。しかし、一七世紀初頭に自らの宗教と文化を守るために軍事的な力を増して以来、侵食してくるムスリムやヒンドゥー教徒による集団的暴行の中心となることもたびたびだった。これらの事例や、宗教の歴史のなかで数えきれないほどの他の例も考えあわせると、宗教のイデオロギーは人類を結びつけるのと同じくらい分裂もさせることがわかる。

「聖者」と「罪人」は、善と悪の概念がどのように歴史の基盤と絡まりあうのかを説明する助けとなる。ここでの目的は、聖者と罪人の絶対的な定義を提供するのではなく、文化がどのようにそれを創出し、それが社会にどう影響するのかを描くことにある。聖者と罪人はともに並ぶことで、宗教の強烈な表出という諸刃の剣を形づくる。この剣は歴史に深いしるしを遺した。

◆神秘主義

たいていの宗教の信奉者は、宗教実践の単調な方法を守る。この「日常的な宗教」には、信仰、儀礼、伝統が含まれ、それらはその宗教を開花させた文化と本質的に同じものを意味する。他方で、日常的な宗教生活に飽き足らない信奉者は、究極存在や神とのより深い結びつきや、直接の結びつきを求める。この結びつきの体験が、本書で神秘主義と呼ぶものを規定する。超越的な「他者」との接触を求める際には、日常的な宗教と非日常的な宗教との境を越えることになる。結果として、神秘主義者が公式な宗教の内部で現状に異議を申し立てることもある。(2)

神秘主義者は、神的存在や、より高度の真実と接触したと信じる。非日常の出来事である神秘体験はめったに予測できない。神や霊的なものと出会うために処方された何らかの修練を何年も積んでも、神秘体験の目的をとげられずに終わるかもしれない。一方で、宗教的でない生活を送ってきた者が、理由もわからずに、超越的な至福の状態に入ることもある。

主流を占める宗教指導者は、突然現れた神秘主義者を敵視するのが普通である。信心からの経験による宗教を強調する者は、ジェンダーや階級や年齢などの一般的な壁を壊すこともある。一八五八年に、農民の娘である一四歳のベルナデッタ・スビルーが、フランスのルルドの近くにある洞窟で聖母マリアの姿をみるという体験をしたとき、疑い深いローマ・カトリックの聖職者は、スビルーが嘘をついていると考えた。スビルーの死後の一八七九年に、教会はこの少女が真実を語ったと祝福しただけでなく、聖者として認めた。スビルーがルルドでみたことが真実だと上層部に信じさせることができたのは、村の司祭への説明にもよっていた。スビルーによれば、出現した女性は自分を「無原罪の宿り」であると言った。教会はこの語句を古くから使ってきたが、スビルーの体験のわずか四年前に、つまり一八五四年に教皇ピウス九世が教義として確立したところだった。ローマは、公式の教えの形式を整えるために、少女の神秘体験の証言を利用することができたのである。

ドイツの社会学者エルンスト・トレルチの論に従うなら、二〇世紀の宗教社会学は、しばしばカルトをつくり出す非合理的な経験として神秘主義を描く傾向があった。一九七〇年代以降、社会学者の多くは新しい宗教運動を描くときに、感情に訴える「カルト」や「セクト」などの用語を避け始めた。一方、宗教指導者は、中心から逸れていった集団の感覚に対して鈍感であり、確立された神のお告げに新しい解釈を加え、新たなお告げを語る神秘主義者を「カルト的」だとして避けるものである。このために、神秘体験によって新しい教義が生み出されて、それが分離派を構成したり、宗教集団の断片化をもたらしたりすることもよくある。

キリスト教は、創始者が古くからの題材を解釈し直してユダヤ教のなかから現れた。仏教で示される悟りとダルマ（真実とその実践）は、その生みの親であるヒンドゥー教への批判を映し出している。イスラム教は、ユダヤ教やキリスト教と多くの点で共通するが、七世紀の新たな啓示のおかげでこれらの宗教を修正し、かつ完成したと信じている。一六世紀、初期のシク教の神秘主義者は、すでに開花しているイスラム教とヒンドゥー教の原則と、新しく明らかにした独自の真実を混ぜあわせて、宗教間の独特な統合を生み出した。最も新しい世界宗教であるモルモン教は、キリスト教の一集団により開始されてから二〇〇年も経っていないが、より以前の北アメリカの歴史における神の業について新しい啓示を示した。新興の宗教は古い宗教を劣ったものと考え、自分たちの創始者を聖者と讃える。それとは逆に、制度化された宗教は、成り上がりの競合者を異端とみなすのである。

◈シャイフ

スーフィーの聖者は外的なことよりも内面を尊んで豊かにする一種のイスラム教から現れたものであり、顕教というよりも密教的で、ムスリムの内部でも外部でも長く誤って伝えられがちだった。スーフィズムは直接の方法で神を知り体験することを強調する。イスラム教の公式の規制にはそれほど縛られず、信者を神の存在の内部へともたらす独自の儀礼と祈りに従った。そうすることによって、現世とその物質的なことがらを拒否することを求める。

スーフィズムがイスラム教の歴史から離れたことは決してなく、常にその一部だった。スーフィズムの運命は、公的なムスリム共同体を受け入れるか拒否するか、そして公的なムスリム共同体によって受け入れられるか拒否されるかの程度にかかっていた。そもそもスーフィズムはウマイヤ朝のカリフの不道徳や腐敗への反発として生じた。反乱が起こり、イスラム教は分派し、ウマイヤ朝の正当性が揺らいだ。これはまだスーフィズムの始まりにすぎない。抑えきれない内面の霊性から力を得て、何世紀もかけて拡大と収縮を繰り返した。

多くはそのときに横から押し寄せる政治の波に左右された。スーフィズムは、一一世紀から一二世紀にかけてアッバース朝の崩壊に直面して、先例のないほどに受け入れられ、全盛期を迎えた。だが、それに続く数世紀はふたたび弱まった。危機と改革の時代には批判を受けた。一八世紀にワッハーブ派はスーフィー信仰と実践があまりにも正統から離れていると考えたし、一九世紀末のサラフィー主義もそう考えた。これらの運動は、多様なゆがみや実践を払拭することでイスラム教を強化しようとした。それは一九世紀末の合衆国で原理主義者がキリスト教に対して行ったこととよく似ている。世俗化も影響した。ケマル・アタテュルクは、第一次世界大戦後のトルコ社会から宗教を消し去ろうとし、スーフィズムを禁止した。このようなタイプの改革は教会と国家の分離以上のものであり、ソ連や中国でみられたのと同様に、宗教迫害へと変質した。

このような政治の風に対しても、スーフィズムは揺るがなかった。非合理的で後進的と考えられたにもかかわらず、堅固な神学的基礎をもち、イスラム教の指導的な思想家も生み出し、聖者の地位を得た者もいる。多くのスーフィーの思考の中心にあるのは存在の一体性や単一性である。ある聖者は次のように説明した。

私たちは、無限のものや絶対者の世界は私たちの外側にあると考えるが、それは逆で、普遍的なものであり、外にあるのと同じように内部にも存在する。一つの世界のみが存在するということなのである。知覚できる世界として私たちがみるもの、時間と空間という限られた世界は、真の世界を隠すヴェールの塊でしかない。このヴェールは私たち自身の感覚である。つまり、目は本当の視界を覆うヴェールで、耳は本当の音を隠すヴェールで、他の感覚もそうなのである。(3)

あらゆる場所に遍在する神との合一というこの概念が、世界と神の分離と神の特殊性を強調するウラマーを怒らせた。スーフィーにとって神は現実の細部に染みわたっている。この霊的知覚は非常に深遠で、身に付ける方法がわかった者には衝撃的である。スーフィーはその方法を知っていた。「そのすべてが自分のなかに存在するようになる」まで『クルアーン』に浸ることが一つの方法である。最も効果的な方法の一つは短い祈りを繰り返すことであり、神の名を繰り返すだけということもよくある。三三の玉のついた珠数か、三三の玉が三組ついた数珠を使って祈りを繰り返し続けることで、ムスリムと神を分ける障壁が崩れ落ちるとスーフィーは信じた。

スーフィーに力を与えた振る舞いがもう二つある。最も有名なのは聖なる踊りである。一般に「旋回するデルヴィーシュ」が連想されるが、どこのスーフィーも実践した。究極の状態では、この踊りによって恍惚状態となり、外的な自己から完全に脱し、霊的な源との深い内的な結びつきがもたらされる。集団での踊りと真逆なのが、一部のスーフィーが実践した禁欲主義である。洞穴や一時しのぎの庵に一人で住み、あるいは単に村から村へさすらい、ほとんど食べず、ぼろを身にまとい、祈り、瞑想するのが、このような道を選んだスーフィーの生活である。対照的ではあるが、極端な欠乏状態によって、踊りと同様の法悦に至ることができる。

このような内面の知識を示したスーフィーが、シャイフつまり霊的な指導者となる。シャイフは系譜を遡ると全員が預言者ムハンマドにたどり着く。あるいは少なくともそう主張した。偉大なシャイフはワーリーつまり聖者となり、その聖者にまつわる伝承や聖日が現れた。その墓は聖なる場所となり、そのワーリーが高く尊ばれるならば、巡礼の目的地となる。巡礼者はワーリーの力による治癒を期待して、この墓に触るために旅をする。ここではイブン・アラビー（一一六五～一二四〇）をあげよう。イブン・アラビーはスペインのムルシアで生まれ、広く旅をして、偉大な思想家かつ教師として名声を高めた。この偉大なシャイフの思考、表現、詩は尽きることがなく、すべてのムスリムの著作中で最もよく読まれた。その著作からは（四〇〇ほどの書が現存している）存在の一体性という思考が現れ、その後の何世代ものスーフィーに影響を与えた。

◆菩　薩

菩薩はシャイフよりも理解しづらい。一つの重要な理由のためである。菩薩は現実のものであり、神話的なものであって、人と神の両方にまたがり、種々の文化のなかで二五〇〇年にわたって発達してきた複雑な霊的階層のなかで、様々なレベルを占めるからである。

菩薩とは悟りを得た存在である。崇められ、ブッダと同等かそれ以上の影響力をもつこともある。仏教一般にいえるのと同じく、異なる伝統、信仰、思考が菩薩と関連づけられる。より古い伝統をもつ上座部仏教での菩薩は悟りを開いて涅槃の境地にある人間の姿が強調され、大乗仏教では生物が霊的によりよく生きるのを助けようと菩薩が関心を向け続けることが強調される。哲学での差異にもかかわらず、あらゆる菩薩には、神性、神秘、そして現世と来世を超越する力という特性が共通する。これを理解する最もよい方法はダライラマについて記すことである。

ダライラマ（チベットの霊的かつ世俗の統治者の役職かつ人物）は、菩薩がもつ多くの次元の例を示してくれる。第一に、ダライラマは人間であり、一九三五年にチベット北東部でテンジン・ギャツォとして生まれた。その人生は、一五世紀初頭まで遡ることができるラマの一四代目の生まれ変わりだと認められたときに永遠に変わることになった。第二に、ダライラマはラマとして偉大な教師であるだけでなく、崇敬される霊的な指導者であり、その導きと勧告が広く求められて、その点はシャイフと似ている。インドのダラムサラに亡命せざるをえなくなったあと、広く旅をして、各国首脳や霊的指導者も含む聴衆に語りかけた。一九八九年に、チベットと他の政治的対立で非暴力による解決を主張したことからノーベル平和賞を受けた。二一世紀初頭に、ダライラマ以上に支持者を集める霊的指導者は世界にいないと言っても過言ではない。

第三に、ダライラマは観世音菩薩の化身でもある。科学的な正確さを求めるならばこの意味を理解するのは難しい。初代ダライラマの後継者かつ観世音菩薩の性格の体現者と考えるのがよいだろう。この菩薩は慈悲、寛大さ、そして救いの手を差し伸べようとすることで知られている。

このためにダライラマは「神である王」とされるのだろうか。ほとんどのチベット人と他の仏教徒にとってはそうである。世界の他の人々にとってはそうではない。だからといってダライラマと菩薩という存在ならびに永続的な現実性が否定されるわけではない。

◈キリスト教の聖者

初期キリスト教では、キリストに仕えたあらゆる人について「聖人」あるいは聖なる者という言葉を使った。『新約聖書』の著者の多くはこの解釈を反映して書いている。紀元二世紀初頭までに、イエスの使徒や、殉教し迫害を受けた献身的なキリスト教徒を特に讃える称号として、この言葉が使われるようになった。一二三四年、ローマ教会は、特に神性をもつ個人が直接天国に入れるかどうかを、生前の善行によって審査する制度を定めた。この頃までに教会指導者が信じるようになったのは、信徒の大多数が人生を通してあまりに罪深いままなので、すぐに救済されえないということだった。神は、受洗したのに汚れている信徒に、適切な時間を煉獄で過ごすという刑を与えた。天国には達しないその場所で、罪が次第に消されていくのを待つのである。

カトリックは人間の性行動に対して全体として否定的な見方をとったために、中世になるまでに、聖者とは実質的に禁欲的な独身生活を意味するようになった。カトリックの聖者のほとんどが未婚の男女か、そうでなくとも「ヨセフ的な」もしくは節度ある関係を配偶者と過ごした既婚者であることは驚くことではない。性交に対する教会の不安は、一一世紀末に、聖職者に禁欲的な独身生活を求めることを決める一因ともなった。

個人が「列聖される」、つまり教会によって聖人の名が与えられるかどうかを決める重要な手段の一つが、実証されたとりなしの奇跡の報告が集まることである。とりわけ敬虔だったカトリックの死者に祈って奇跡のような答えが与えられたという報告を信者から受けると、ヴァティカンは調査を始める。報告されたような奇跡が起こったと決定された場合には（この過程は最近まできわめて厳しいものだった）、その奇跡を起こした故人は列福されて「福者」と名づけられる。聖者として公式に認められるためには、これが最初の主要な一歩となる。

『新約聖書』の教えでは、すべてのキリスト教徒が神の聖なる民と考えうる。カトリック教会はこのような教えを決して否定したわけではないけれども、キリスト教的な完成の価値ある例としてヴァティカンによって公式に認められる者のために「聖人」の称号を留保する。教会は幅広く多様な背景から聖人を選んできた。五世紀のアウグスティヌスなどのように、神秘主義にまったく関心を示さなかったが、体系的な教義を説いたために称賛を得た聖人もいる。また、一六世紀スペインの修道女アビラのテレサのように、神の前で経験した喜びを他者に熱心に説いた者もいる。テレサは『内なる城』（和訳のタイトルは『霊魂の城』）で、魂（城）のなかを外側から中心の部屋へ進んでいく霊的な道筋という表現を使って信心の生を描いた。

預言や治癒の才能で知られたり注目を浴びたりする男女すべての聖者が、公的に教会に認められるわけではない。信心深い活動と禁欲的な生活が結びついたときに、個人はその才能によって非公式に聖者の地位へと上げられうる。このような聖者はしばしば農村部の貧者から支持を得る。一方で、都市部の教養ある豊かな人々に好まれる民俗的な聖者の例も多い。スペイン語圏では、このような聖者の多くが「ベアータ（敬虔なる女）」として知られる女性だった。公式の教会の外で活動して神との直接の交流を求め、共同体の指導的な存在となり、霊的な影響力に従う群衆を引きつけた。そのために政治的な力を得て、メキシコからブラジルに至るまで政治や教会の既成秩序に挑むことが慣例のようになった。民俗的な英雄で、霊的な存在であり、共同体での影響力のゆえに記憶された。そうであったからこそ、ヴァティカンにとって問題であり続けた。

近年のヴァティカンの政治的関心は、誰が列聖されて誰が列聖されないのかを再配置することにある。一九七九年にヨハネ・パウロ二世が教皇に就任してから五〇〇人近くが列聖された。それまでの三八人の教皇の下で列聖された人数よりも多い。西欧の白人が優位を占めるイメージを乗り越える能力がカトリック教会にあることを示そうと大急ぎで行動するなかで、教皇は列福と列聖に多くの韓国人、ベトナム人、中国人の候補者を選んだ。今までそれがほとんど存在しなかった文化のなかに先住民の聖人をつくろうとする教皇の執着のせいで、一六世紀の宗教改革以降きわめて厳格になっていた手続きが、危険なほどに省略されているとみる教会内外の批評家もいる。

教会が世論の歓心を買うために、かつて下した判断をいかに捨て去ろうとしたのかを示す最近の例として、イタリア人のピオ神父（一八八七～一九六八、列聖は二〇〇二年）についての教皇決定がある。一九二〇年代、ヴァティカンはきわめて多くの苦情をうけて、ピオが女性の告白を聞き、祝福を与えること、そして一〇代の男性を教える資格を取り消した。当時ヴァティカンはピオを「有害なソクラテスであり、男子の壊れやすい生と魂を邪道に導きうる」と評した。ピオの人生はきわめて異論の多いものだったが、間断なく増えて積み重なった苦情の山よりも、人気のほうが勝った（病者の治癒や予言の能力などがあったという）。最近では、ヨハネ・パウロが、ピオ神父を「修道士のモデル」と表現するまでに至ったのである[4]。

他方で、エルサルバドルのカトリック教会は、オスカル・ロメロ大司教をヴァティカンに認めさせようと苦心した。一九八〇年三月、ロメロはサンサルバドルの自分の教会で説教を終えたときに、批判を向けていた右派の活動家に撃ち殺された。貧者や自分を守るすべをもたない人の声を代弁していると広く認められたからこそ、ロメロが聖人の候補になるための公的な支援はほとんど得られなかった。ヴァティカンはロメロによる解放の神学の政治とまだ和解できていない（ロメロは当時、教会上層部や政府から左派的、政治的と批判されていた。教皇フランシスコの下で二〇一五年に列福され、二〇一八年に列聖された」。

◆バクティマルガ

ヒンドゥー教徒のなかには、モークシャあるいは解脱、つまり隠遁と解放という禁欲的で宗教的な目標を選ぶ者もいる。モークシャに達するには三つの道があり、いずれか一つ、あるいはその組み合わせを通ることになる。第一の道は、ジュニャーナ、つまり動的かつ継続的な智との合一を通した知性の旅である。第二の道は、禁欲と苦行やヨーガのように、神秘主義へと隠遁する特殊な技術からなる。第三の道は、ジュニャーナとは逆に感情に訴えるバクティである。英語ではバクティを普通「献身」と訳す。『ウパニシャド』に最初に現れたこの言葉は、実際のところもっと豊富な意味を含んでいて、崇拝だけでなく、実際に神に関与する方法でもある。

救済への正統な道の一つとして最初にバクティを認めた聖典は『バガヴァッド・ギーター』だった。バクティマルガ（バクティの道）は、一般的に、神々の一つに対して献身する精神的な修練を含む。自己鍛練とバクティによって、神秘主義者は現世から離れて神との密接なつながりを発展させたり、至高の魂に同化したり、また、神の意識が献身者の意識におりてきたりする。

インドで中世を通じてバクティの献身主義が興隆したときに、その感情の重視や、カースト制を無視する傾向や、聖職者の助けによる仲介なしに神に意識を溶け込ませることができるという主張を、ブラーフマナは拒否する方へ向かった。だが最終的には、この動きがもつ安定化への作用と、信徒の多くが仏教やイスラム教に迷い込まないように保つ力を、ほとんどのブラーフマナが認識するようになった。

ヒンドゥー教にはバクティの聖者を「列聖する」仕組みはない。ヒンドゥー教の下位集団それぞれで何世代も続いてきたグルたちは、自分のバクティ聖者の記憶を保つことで、弟子に同様な献身的生活を見習わせる。ヒンドゥー教を知的に高め儀礼化する改革によって一般人に近づきやすくした聖者として、八世紀の哲学者シャンカラがあげられる。シャンカラは、究極の実在あるいは至高の魂はブラフマンであり、それは無限かつ不変の神的存在なのだと提起した。シャンカラによれば、最も深い自己であるアートマンは、ブラフマンつまり神と自分を神秘的に一体化しようとしなければ、あらゆるものとの結合を理解できない。そのため、人は神について黙想しなければならず、そこから普遍的な真実への洞察を得る。神との神秘的な接触によって、人は無私の慈善と愛という偉大な行動をとる。なぜならモークシャは、正しい教義によるだけでなく、ブラフマンのなかにみつけられる愛のはっきりとした表現を通してこそ達成できるからである。

一四世紀に北インドのバクティ運動を率いたラーマーナンダはシャンカラの影響力をしのぐほどだった。神からみればどのカーストの女性も個人も平等であると宣言し、ヒンドゥー教への関心を生き返らせた。その弟子のカビールは、さらに進んで、人種や社会階層やジェンダーに関係なく、神の愛はカルマの法からあらゆる人間を自由にできると教えた。ラーマーナンダやシャンカラと同様、カビールも無意味な儀礼偏重を避けて、神との関係の重要性を強調した。

◈かれらの罪人、われらの聖者

意見の相違は、他のどのような人生の表現をも壊すのと同様に、宗教も破壊する。意見の相違は信仰の制度の根本にまで刃を入れるので、それを唱えた者は、聖者になるか罪人となる。組織に対して厳しい主張をする改革者は、よくても分離主義者、最悪の場合には異端者とされる。いずれの改革運動のドラマも、最後まで演じられなければ、誰が聖なる改革者であり誰が罪のある異端者なのかは決められない。そして、必ずしもこの境界が簡単に識別できるとは限らない。時間と場所は大きく離れているが、キリスト教の歴史で聖なるものの重要性にとって致命的といえる二つのエピソードが、この点をよく例証してくれる。ドナトゥス派とメソディストの例である。

コンスタンティヌスの寛容令によってローマ帝国でキリスト教徒の迫害が終わると、以前の迫害の下で過ちを犯した聖職者や司教は教会に赦しを求め、自分の教会職の回復を求めた。ドナトゥス派は、たとえ改悛して教会に赦しを請うた人であろうと、迫害の際に過ちを犯した聖職者や司教によるサクラメントは有効でないと主張した。ドナトゥス派はキリスト教の特に厄介な問題を提起した。なぜなら、洗礼を施したり聖職位を授けたりした人の聖性を、授けられた側の信徒が判断することは不可能だからである。サクラメントの有効性よりも大きなことが危険にさらされていた。教会はこれに応えて、司教や聖職者の個人的な聖性のレベルによってサクラメントが無効になることはないと宣言した。その司教や聖職者の生活にまったく罪がないことを誰も完全に確信できないのだから、そうでなければば、あるサクラメントが有効かどうかに誰も決して自信がもてなくなるだろう。教会はドナトゥス派に罪があると宣言した。この運動はしばらくの間、北アフリカで勢いを得たけれども、最終的には消滅した。

聖公会のなかでメソディスト運動を始めたジョン・ウェスリーは、自分が属する教会が生き生きとした敬虔さと神聖さを失ったと感じた。だが、ウェスリーは主教たちのサクラメントの権威を問題にすることはなかった。その代わりに、一七三九年に神秘的な体験をして以降、イギリス各地で自分の敬虔な信仰（心の宗教）を説くことに着手した。「ソサイエティ」と呼ばれる諸集団のネットワークがつくられ、その活動によって鼓舞された数千人を支える力強い共同体となった。ウェスリーは社会改革運動をも組織した。だが、聖公会のほとんどの主教と司祭は、心で感じるというウェスリーの革新的な宗教とウェスリーのどちらをも軽蔑した。

一七三九年にブリストルの主教ジョゼフ・バトラーは、ウェスリーによる信仰復興をあざけってこう書いた。「ウェスリーさん、私はわかりやすく対応しましょう。以前あなたに教えました。……善意からです。……しかしいまやそう考えられません。……聖霊からの賜り物や驚くべき啓示を偽って言いふらすのは恐ろしいことです」(5)。何年もの間ウェスリーは、事実上すべての教会で説教壇から話すことを拒否された。街頭で説教せざるをえず、その地の教会や役人によって扇動された群衆の暴力にあうことも多かった。人生の末期が近づいた一七九一年になって、聖公会の多くの神学者がウェスリーの運動と折り合いをつけるようになり、聖者の資質をもつ人物として礼遇するまでになった。ウエスリーは本来的に聖公会を受け入れていたにもかかわらず、多くの弟子はついに聖公会とのつながりを絶ち、メソディストの宗派を創設した。

宗教集団は、その親となる動きから一つか二つの理由で分離するものである。第一に、新しく現れた共同体が、最も根本的な教義をより大きな集団が無視あるいは拒否していると認識する場合である。普通、これらの共同体は、創始者の教義を回復しようとしていると信じているが、この試みに失敗すると独自のセクトを形成する。第二に、ある集団が元の集団の権威に異議を申し立てるような革新的な啓示をみつける場合である。どちらの場合でも、宗教共同体内での分離によって大きな社会的ストレスの時代がつくり出され、「罪深い」「異端だ」という非難が生じる。

ジャイナ教などの平和主義的な宗教には、内的な対立の経験を共有しながらも、流血に訴えることなくこのような緊張に対処するものもある。紀元前四世紀後半、ジャイナ教の聖者バドラバーフが率いる苦行僧の集団が、長く続いた飢饉の後に北インドのパータリプトラに戻ったときに、その地に残っていた同胞が、裸形という厳しい戒律をゆるめて白衣を身に着けていた、つまりアールダパーラカだったことに衝撃を受けた。聖者アーチャーリヤ・ストゥーラバドラは、着衣が神聖であるという啓示を受けたと主張したにもかかわらず、遍歴に出ていた者はこの宗教革新を拒否した。この両派の隔たりからジャイナ教で最初の分離が促されることになり、今日ではディガンバラ（直訳すれば「大気を着ている」）派とシュヴェーターンバラ（「白を着ている」）派のジャイナ教徒が暴力を伴わずに対抗している。意見の相違に直面しても平和主義者でいるというジャイナ教の関わり方は、鍵となる平和のモデルを与えてくれる。

組織が精巧につくられている宗教のなかだけでなく、部族宗教においても分裂と分離は起こりうる。北アメリカの部族は一八七〇年まで宗教儀礼にペヨーテを取り入れなかったが、合衆国の南西部と他の地域との交流と移動が進んだことにより、ペヨーテの使用が普及していった。保守的な部族長は独自の伝統的な宇宙観と儀礼の刷新を好意的にとらえず、ドラッグの使用を非難した。この問題で部族長の権威を拒否した者が、自分たちの宗教団体をつくってペヨーテの使用を促した。二〇世紀にアメリカ先住民教会が現れると、ペヨーテ推進者と反対者の間の対立は激化した。

◆宗教の大いなる誤り

ジェイムズ・ウォーレン・ジョーンズは、キリスト教のディサイプルス派の主流により聖職位を授けられた。一九七七年一月末までに、カリフォルニア州知事や州上院議員も含む数百人の熱心な信者がサンフランシスコにあるジョーンズの人民寺院に加わり、この時期にジョーンズは、マーティン・ルーサー・キング人道賞を受賞した。人民寺院は、貧者のための人種横断的な伝道としてインディアナ州インディアナポリスで一九五〇年代に始まった。一九六五年、核戦争による世界の破滅が迫っていると警告して、ジョーンズと多くの信者はカリフォルニア北部のユカイアへ移った。戦争は現実とならず、この集団はサンフランシスコとロサンゼルスに共同体を設立した。

ジョーンズと信徒たちは全国のマスコミからおおむね好意を得ていた。だが、一九七〇年代に『ニユー・ウェスト』紙が調査記事を掲載して、倫理と法に反するジョーンズの行為を告発した。一九七七年末、マスコミがこの申し立てを詳細に調べ始めた時期に、ジョーンズは、ガイアナのジョーンズタウンへの移住計画を発表した。ブラックパンサー党の活動家ヒューイ・ニュートンの書に感銘を受けて、ジョーンズは革命的自殺という考えに関心を向けていた。自らの集団の死は、抑圧的な西洋社会への反抗であるという明らかなメッセージを送る一方で、自分たちには永遠の至福を確約する。ジョーンズの指示で、メンバーは集団自殺の練習を重ねるようになった。

一九七八年一一月、引き続き寄せられる批判を調査するためにガイアナを訪れたカリフォルニア州議員と報道関係者が、寺院の自警団に銃撃された。指導者は適切な時期が来たと判断した。シアン化合物入りのブドウ味の飲料により、六〇〇人以上の大人と三〇〇人近くの子どもが死亡した。多くの者が拒んだようで、致死的な薬剤の注射で処刑されたり、撃ち殺されたりした人もいた。かつての聖者ジョーンズは、信徒をこの世から次の世界へ導くという野望を達成したのである。

二〇〇〇年三月、「神の十戒復古運動」に属する五〇〇人以上のウガンダ人が、カヌングにある教会堂に入った。礼拝が始まるとすぐに他のメンバーが窓とドアを外から閉ざし、数分のうちに、教会堂を焦熱地獄へと変えた。中にいたすべての男女と子どもが焼死した。その後の調査によって、この集団の指導部について、そして、信徒内で「平和」を維持した方法について、身の毛もよだつような話が明らかになった。指導者は、ローマ・カトリックの聖職者だったが破門されたドミニク・カタリバーボであり、その所有地から、この運動の参加者数百人の死体が掘り出された。ほとんどは毒殺、絞殺、あるいは刺殺されていた。多くの試算ではジョーンズタウンの悲劇と同じくらいか、それを多少上回る死者を出したと見積もられる。

ローマ・カトリックの信徒で精神疾患の病歴をもつジョセフ・キブウェテーレが神の十戒復古運動を創始した。キブウェテーレは、イエスと聖母マリアが定期的に訪れ、現代のキリスト教世界が十戒をおろそかにしていると不満を打ち明けたという体験を語った。あるとき聖母マリアは、一九九九年一二月三一日に自分の息子が地球へ戻って地球を破壊すると告げた。キブウェテーレとカタリバーボは、酒場で働いていた元娼婦のクレドニア・ムウェリンデを仲間に入れた。ムウェリンデは指導的な地位に就いて規程をつくり、物質偏重主義は悪なので、所有物を売って収入を渡すよう信者に説いた。このようにして帰依者から富を得て増やした。帰依者の多くは貧しいカトリックであり、外部との日常的なつきあいも制限された。キブウェテーレの幻視が実現しなかったため、信者はいらだち、正当性を疑い始めた。集団が不安定になったために指導部が教会を燃やして中核メンバーを殺すという決定に至ったことは明らかである。指導者たちが焼け死んだのかどうかを警察は確認できておらず、わずかな手がかりをたどってかれらを探し続けている。

宗教は偉大なる善を提供する。つまり、個人やグループに影響を与えて人類史のなかで最も建設的で慈悲深い行動を達成させる。しかしながら宗教はまた、その教義を学ぶものが善とみなさないようなことへと信徒を導きうる。宗教は善と悪、そして聖性と罪の中心軸である。このような機能を果たすのは、宗教が両方のパターンを示すからだけではない。正誤を判断する定義を信者の間で設定してきたからであり、これからも設定するだろうからでもある。

注

（1） "Society Quotes," World of Quotes.〈http://www.worldofquotes.com/topic/Society/3/index.html〉（二〇〇四年六月一四日閲覧）〔二〇一八年六月五日閲覧できず〕

（2） C. L. Albanese, *America: Religions and Religion,* Boston: Wadsworth Publishing Company, 1999, pp. 6-8. アルバニーズは日常的な宗教と非日常的な宗教という説明をヨアヒム・ワッハの一九四四年の著作『宗教社会学』に基づいて記している。

（3） M. Lings, *A Sufi Saint of the Twentieth Century: Shaikh Ahmad al-' Alawī. His Spiritual Heritage and Legacy,* Berkeley and Los Angeles: University of California Press, 1971, p. 136.

（4） M. Bronski, "The Politics of Sainthood," *The Boston Phoenix,* July 11, 2002.〈http://www.bostonphoenix.com/boston/news_features/top/features/documents/02350559.htm.〉（二〇〇四年九月二八日閲覧）〔二〇一九年九月三〇日現在、このURLでは閲覧できないが、以下で閲覧可能。http://www.wehaitians.com/the%20politics%20of%20sainthood.html〕

（5） A. C. Outler（ed.）, *John Wesley,* New York: Oxford University Press, 1964, p. 349.

第10章　芸術表現

私たちは魂と肉体のかたちで二面性をもち、魂は裸でなく、いわば衣に覆われているので、肉体的なものから離れて知覚可能なものに到達することはできない。そのため私たちは、肉体である耳で聞いて感覚によって得た言葉を通して霊的なものを理解するのと同様に、肉体の視角を通して霊的な観想に達する。この理由からキリストは肉体と魂を帯びたのである。なぜなら人間は肉体と魂からなるのだから。ゆえに洗礼も、水と霊との二面性をもつ。聖体礼儀と祈りと賛美歌もすべて肉体と魂の二面性をもち、光と香を提供するという二面性をもつ。(1)

ダマスコの聖イオアン〔ヨアンネス〕は〔『聖画像破壊論者に対する弁明』の〕第三の論〔七四〇年頃〕のなかで、ビザンツ帝国での聖像破壊にこのように反対した。本章で後ほど論じるその抗弁の中心には、芸術と肉体と魂の間の、時間を超えた結びつきがあった。人間は肉体と感覚をもつからこそ人間なのであり、その感覚を通してこそ神に近づける。聖イオアンの洞察は、八世紀のビザンツ世界以外の文化や時代にとっても価値をもつ。それは他の多くの宗教にもあてはまるかもしれない。宗教美術は神についての深い感情を表すことで聖なるものを表現する。神を視覚化しようとして続いてきた試みこそが、歴史にこのような継続的な力を与えるのである。

本章でのアプローチは選択的である。変化の大きなパターンを説明する手助けとなるような芸術と宗教の関係のうちほんの二、三のものを考察するにすぎない。その多くは革命を起こすほどの爆発的な熱狂や、科学上の発明によって引き起こされるような速い変化を伴うわけではないが、すべて、宗教と歴史の長編物語を探究する助けとなるだろう。

本章では絵画、建築、そして音楽に注目する。これらは、広く開かれていて容易に利用できる別世界への扉であり、生の究極の意味に対する洞察を数千の世代に与えてきた扉だからである。

◆天国への到達

古代文化の墳丘やピラミッドは、何世紀ももちこたえられる力、ならびに、建設に必要な労苦によって私たちの注意を引く。景観を物理的に変容させるために、宗教の信仰、政治的な権威、そして経済力が結び合わされた。最も有名なのはエジプトのピラミッドである。考古学者は初期の墓をマスタバと呼ぶ。マスタバはベンチのかたちをした建築の構成単位であり、それ自体が大きな建造物ともなりえた。ピラミッドはそこから徐々に景観を支配するほどになった。最大のものはギザの大ピラミッドであり、歴史家が古王国と呼ぶ時代、つまり紀元前二六〇〇年から二一〇〇年にかけての五〇〇年の間のどこかで、クフ（ケオプス）王によって建てられた。

ピラミッドの形については二つの説明が有意義である。一つはそれを、一点から始まり外へ均等に放射する太陽光線と同一視する。もう一つは、太陽へ導くはしごとしてのピラミッドであり、支配者はだんだんと昇って天にいる他の神々に加わることができるのだという。この建築物はエジプト（そしてマヤやアステカ）の宇宙観のなかで太陽の卓越性を堅固にした。

ピラミッドの周囲には神殿が建てられて神々を崇拝する建物を提供し、死去したファラオは神として崇められた。ルクソールとカルナックのアメン・ラーの神殿など巨大なものもある。男女の神官が務めを果たし、特定の神に関連する儀礼を行った。神を体現するファラオと同様に、神官も神の子だった。神官はファラオに仕えて、宗教の領域だけでなく行政と司法の職務も行い、両者を区別していなかった。

紀元前三〇〇〇年から二〇〇〇年の間の長期にわたって、シュメール人は、メソポタミアの肥沃なティグリス川とユーフラテス川の流域よりもはるかに広い範囲で文化的に優勢だった。この文化の最も特徴的なものはジックラトである。「高い建物」あるいは「山頂」と訳すことができるジックラトは、いくつかの層からなり、立方体に近く、各層を斜めに横切る長いスロープが頂上まで続く。一番上にはジックラトごとに特定の神の像を祀る神殿があった。

ジックラトは、しばしば戦争での勝利を感謝して神を讃えるために建造され、人間が天に近づけるような塔として存在した。このような点でピラミッドや他の多くの文化にある、天に近づこうとする構造物と類似している。ウルの神殿はその栄光の頂点にあった頃、古代世界で最も力強い場だった。

基礎部分で縦横が六四メートル×四六メートルあり、高さは二一メートルあった。彩色された壇が何層も重なり、一番上には月の神ナンナあるいはシンの大きな神殿があった。

ジックラトやピラミッドに対応するものはメソアメリカにもある。マヤ、サポテカ、トルテカ、アステカとして知られる人々は、メキシコ中部、グアテマラ、ホンジュラスにピラミッドや神殿を建てて自分の神学に命を吹き込んだ。第四章で取り上げたテオティワカンは「神々の都市」であり、この名自体が建築と宗教の密接な関係を示している。

これらのピラミッドや神殿は、人間がつくり出す景観を変容させる宗教の力へと私たちの関心を向ける。建築を通して神々を讃えることは、古代文化による最高の達成だった。技術が未発達で政治組織がゆるいところでも、諸文化は天に届こうと努めた。墳墓を築いた者たちがそうである。政治と経済組織のレベルが上がって、霊的なものに新しい表現を与えるようになった文化の遺産が、合衆国の東部にある墳丘（マウンド）である。

墳丘の始まりはおそらく紀元前一〇〇〇年頃にまで遡る。はじめは小さな埋葬室で、政治的かつ宗教的な指導者が永眠する場所だった。来世への旅を速めるために赤く塗られたかもしれない死者の上に、土を盛ったのである。時がたつにつれて盛り土は大きくなった。最も大きいのはモンクス・マウンド（ミズーリ州セントルイスの南にある）で、一〇階建ての建物ほどの高さがある。墳丘の周囲にはカホキアの集落の中心ができてこの地域で最大の都市へと育ち、最盛期には二万五〇〇〇人ほどの人口だったと考えられる。カホキアの宗教面と経済面での影響は、ミシシッピ川、オハイオ川、そしてイリノイ川に沿って数百キロも広がった。

◆ギリシア・ローマ世界

ギリシア・ローマ世界は、それ以前の文化にあった建築の伝統を洗練させてより精密にした。ピラミッドと墳丘は、神々を住まわせて讃えるためのより複雑な建築構造に取って代わられた。新しい環境のなかで神々をひきつけて楽しませるために神殿を美しく設計しようと、建築家はあらゆる創造力を発揮した。先駆として広く受け入れられたのはアテネのパルテノン神殿であり、知恵の女神アテナの住まいである。世界で最も美しい建物の一つと主張するのにふさわしく、特徴的な溝を施した柱の列は光を分散させて広め、耐久性を与え、霊性と俗界の結合を告げ、その後のローマ建築もこれを模倣した。多くの聖なる場所と同様に、パルテノンは時代を経るにつれて異なる宗教に仕えることとなった。キリスト教が興隆すると、正教徒が教会として使った。その後、オスマン帝国がアテネを支配すると、ムスリムがモスクとして使用した。

ギリシア・ローマ世界で建築以上に特徴的なのが彫刻作品である。以前の集団と比べ、ギリシア人は人間に似たものとして神々をみた。彫刻家はこの姿をつくり出そうとした。そうすることによって一つの様式を創造し、一〇〇〇年以上にわたって地中海世界を飾り続けた。

紀元前五世紀に生きたペイディアスは、多くの優れた彫刻家のなかでも頂点にあると認められている。伝承によればペイディアスは直接に神々をみた。その不朽の作品であるオリンピアのゼウスとパルテノンのアテナは、恐れを引き起こす神秘の独自の芸術的解釈を映し出す。その彫像は芸術の水準を定めただけではない。アテナ女神についての大胆かつ強力な描写は、アテナがギリシアの生活であらゆる高貴なものの「授与者」「養成者」「創造者」である証となった。

このような像を見上げることは、他の奉仕や儀礼と同等かおそらくそれ以上に、参拝者が女神と交わるのを手伝った。そして参拝者を、女神に選ばれた都市の市民にふさわしい者にして、女神の意志を実現するために、政治、文学、芸術におけるその覇権にできる限りの努力で貢献するよう導いた。芸術作品が現実の生活にこのような実際の影響を及ぼしたならば、神への奉仕のなかで人間の努力が達成できる最大限のことを達成したといえるだろう(2)。

ギリシア彫刻はすべての偉大な宗教芸術に起こることの輪郭を示した。創造的才能にあふれる芸術家は、地上から素材を得てそれを神の像へと変えた。神は共同体の理想を象徴する。神をみつめることで、みる側は何か非凡なものの一部となり、神の理想を実現するために行動することを委ねられてその力を得る。

ギリシアの芸術家は影響を東西へ広げることに成功した。商人や戦士や官僚がペルシアを横切りインドへと入ったときに、自分たちの神を連れて行った。その神が定着することはなかったけれども、ときにその芸術表現は定着した。こうしてギリシア彫刻の影響が示されるブッダの像も生まれた。ギリシア人の芸術の理念から特に恩恵を受けたのはローマ人である。ローマ人は、ギリシアの様式を模倣する際に神々も模倣し、それぞれの神が独自の祭壇と神殿を得た。

ローマ人はその彫像を世俗の方向へ強くゆがめた。帝国はその壮麗さの証となる芸術を必要とし、記念碑的な建築がそれを担った。神殿と礼拝所、統治の建物とコロッセウム、そして特に皇帝の堂々たる像が帝国の力を確認した。皇帝は生前も死後も神であり、信仰の中心となった。皇帝の像と同様に、豊かで有力なローマ人の像は、神にみえるよう高尚な物腰で表された。

◆偶像破壊

神々と芸術が混ざりあうときに、結果として政治的な趣が注ぎ込まれうる。ユダヤ教とイスラム教では、神を目にみえるように表すことを明確に禁じたので、これはほとんど起こらなかった。神と聖者が様々な方法で表象されるヒンドゥー教、仏教、そして他のアジアの宗教では、芸術をめぐる意見の相違を経験したけれども、キリスト教ほど強烈に画像をめぐる政治的対立が燃え上がることはなかった。

一般に、キリスト教の正教会を連想させるイコンは、キリスト、マリア、そして聖人などの聖なる姿を絵で表現したものである。金の背景で塗られた二次元平面の像は、ビザンツ、ギリシア、そしてロシアなどのあらゆる正教会でみられる。このような味気ない説明では、イコンのもつ霊的な意味を伝えることはできない。イコン自体がある程度の聖性をもつ神からの賜物であり、恩寵として定義することが最もよいだろう。

偶像破壊論争は七四一年にビザンツ皇帝レオ三世がイコンを禁じたときに突如として火がつき、文字どおり炎のように燃え盛って数千のイコンを危険にさらした。七八七年にニカイアでの第七回公会議がイコンを許容できると宣言し、イコンを尊ぶ権利と義務さえも信者に認めた。八一五年から八四二年の間にまた攻撃と禁止の期間が続き、のちの支配者によって取り消された。

この対立を分析しようとするといくつかの問題が現れる。一つは霊的かつ心理的なもので、神を認識する心へと行き着く。神は偉大で、神秘的で、力強く、異世界のものなので、画像による表象には適さないと、偶像破壊論者は主張した。芸術によって神を表そうとする人間は、自分が人間という性質をもつがゆえに神に人間の顔を与えて神を人間のようにつくってしまい、神性を減じることになるというところにまでその主張は進んだ。

聖像擁護論者は、キリストが人間なのだから人間として描かれるべきだと応じた（これはキリストの聖性をめぐって紀元一世紀に始まったキリスト研究の大議論の一部であった）。ダマスコの聖イオアンは霊的生活での画像の価値を擁護する側の主唱者だった。イエス・キリストという人間の姿で神は自分を現したのだから、キリストやあらゆる聖者を描こうという試みは、確固とした神学的根拠をもつ。その価値を強調して、ダマスコの聖イオアンは強硬な態度に出ることも恐れなかった。

キリストの受難、救いの奇跡、悪に対する聖人の勇敢な行動の像をつくること、そしてそれを据えてみつめること、つまり神を讃えて驚きと熱意に満たされること、それが必要ないと言うことで、確かに現れてくることがある。神の知識を霊的に理解している者は誰でも、それが悪魔の策略だとわからないのだろうか。[3]

神学の問題と政治的な問題が重なっていた。帝国の富の多くを管理していた教会、特に修道会と皇帝との権力闘争のために、議論は切迫した。教会のイコンを粛清することで、競合者が弱まることを皇帝は期待した。ここではイスラム教も作用している。イスラム教はビザンツ帝国を取り囲むように周縁部を侵食し始めていた。イスラム教による偶像否定は、皇帝による偶像破壊の画策とうまく適合したのである。

宗教芸術に対する暴力は、キリスト教世界の他の時代と場所でも起こった。宗教改革が始まる前にも、カトリックの改革者のなかには宗教的な像を激しく非難する者がいた。ドミニコ会士のジロラモ・サヴォナローラは、フィレンツェを改革しようとして、自分が考える禁欲主義をこの都市の文化に強制した。芸術に対する過度な賛美と物や個人に対する崇拝の形成に伴う退廃を憂慮して、サヴォナローラは自分の道徳の基準に適さないあらゆるものを燃やそうとした。

ローマ・カトリック教会とそのなかのあらゆるものが批判にさらされた宗教改革時には、かなりの程度、同様の考えが浮上した。改革者はたいていそれと知らずに、以前の偶像破壊の伝統を受け継いだ。カトリック教会の絵画と彫像は「彫った像」を禁じる戒めに明らかに違反していた（ユダヤ教では、そして、キリスト教のカトリックとルター派以外のほとんどの宗派では、十戒に、像をつくって崇拝することを禁じる項目が含まれている〕。新しい神学は、純粋な崇拝から外れた人造物をしばしば偶像崇拝と名づけ、それを取り除くよう主張した。

南北アメリカでは、カトリック（そしてのちにプロテスタント）が、現地で出会う宗教的な像を抹消しようとした。マヤとアステカは特に複雑な宗教図像学をもっていて、それはヨーロッパ人を寄せつけなかった。先住民を改宗させようという熱意のなかで、伝道者は宗教的な像を系統だてて破壊する計画を立てた。書かれたものや木や陶器の彩色画の場合は簡単だったが、石の場合はかなり難しかった。石に彫られたものの多くは生き残り、崇拝の中心となって、過去の伝統を保存するとともに、征服者の新しい信仰と組み合わさった。

東洋の宗教は、上述の偶像破壊者を悩ませたような厳格な考え方による問題を抱えることが少なかった。ヒンドゥー教寺院には多くの神がいた。シヴァとヴィシュヌはインドで主要な神として現れるが、その現れ方とそこからもたらされる儀礼はほとんど規格化されていない。神々は異なる共同体に異なる方法で現れる。そのため、芸術での表現はそれを異なるように描写した。

仏教は独自の複雑な図像学をもつ。仏教は普通、ブッダの像で表象される。仏像はふくよかで微笑み、座した姿であることが多く、その穏やかな表情は世界に平和を注ぐ。ただしこれはブッダをみる方法の一つでしかなく、ブッダは多くの姿勢で表される。菩薩の図像はさらに多様に示され、導き忠告を与えるときには数百のかたちをとるのである。

◆ゴシックの聖堂

聖画像をめぐる議論が消長を繰り返している間に、建築への欲望は、中世のゴシック大聖堂で新しい頂点に達した。パリ郊外のサン・ドニは一一四〇年から一一四四年の間に大修道院長シュジェールによって改築された。最初のゴシック聖堂であり、この様式の特質を代表している。フランスはゴシック聖堂の中心地であり、リヨン、アミアン、シャルトル、パリのノートルダムに例をみることができる。イギリス、ドイツ、イタリアに広まるにつれて個々に独自の性格を帯びたが、その特徴は高くそびえ立つ天界のような感覚のなかに常に表現された。

この質は聖堂の建築デザインによってもたらされる。四つの質がはっきりと認められる。第一に、尖塔アーチの採用によってこれまでよりも高くなった。第二に、肋骨のような支えのある穹窿《きゅうりゅう》の一種リブ・ヴォールトによって、教会の身廊が頑丈になった。第三に、飛梁が聖堂の外壁を支えた。第四に、ステンドグラスの窓の彩色によって、一般の教科書で定義されるようなゴシック様式が与えられた。しかし、強調すべきなのは他のことである。そこにあるのは動きの感覚であり、未完成だがはっきりと知ることができる運命である。

ゴシックの建物は自らのうちに動きをはらんだ体系であるばかりではない。それは鑑賞者をも動かし、芸術鑑賞という行為を、一定の方向性をもつ段階的な発展の過程に転化させる。このような建物はどこからみても一度で見渡すことができない。どの方角からみても全体の構造がわかるような、完結した、心を鎮めるような姿を現さない。まったくその反対で、鑑賞者はその位置を常に変えることを余儀なくされる。そうすることによって、運動、行動、再構成というかたちにおいてのみ、全体の印象を浮かび上がらせることが許される(4)。

ゴシックは、中世後期の激しい宗教心とカトリック教会の主導性を文化に反映させたものだった。そしてその建設は、交易の増加、都市の成長、労働組織の新しい形態によって促進された。

◆ルネサンスの人文主義

ルネサンスは芸術面での成果で最もよく知られていて、建築、美術、音楽、文学で新しい傾向を開花させた。それは、人間の美と知性の再発見から発する新しい質を宗教芸術に吹き込んだ。新しい人文主義は宗教を否定せず、人間にまた別の宗教的な視野を与えた。神の競合者としてではなく、恵まれた才能をもつ被造物として、調和へと高められた、といった方がいいかもしれない。彫像は、ギリシア・ローマの芸術におけるのと同じように人文主義の美と力を表した。

ミケランジェロ・ブオナローティがルネサンスの最良の芸術家の一人だと美術史家が認めるのは当然である。その作品「ピエタ」(一四九八〜九九年)は、制作されてからずっと、賛美者に感動と刺激を与えてきた宗教的傑作である(これはミケランジェロが名を入れた唯一の作品である)。この作品で示される卓越した技術は別として、十字架から降ろされたばかりの三三歳の息子を抱く母親マリアを、取り乱した年配の女性として描かなかったことでミケランジェロは有名になった。マリアは若くて美しく、同時に穏やかで諦念を表している。そして、死んだ息子の重さで頭を下げて、受け入れるように左手を伸ばす。ピエタのマリアは新しい人文主義の理想だった。

ルネサンスの時期を通して、ミケランジェロや他の芸術世界のほとんどを後援者たちが支えた。特にイタリアの都市国家は、成長する地中海貿易と始まりつつある大西洋貿易の展開からいまなお活気づいていて、高位聖職者と君主には芸術の世界を動かす資金と審美眼と野心があった。〔ミケランジェロを支援した〕教皇ユリウス二世は、カトリック教会の長かつ教皇領の長として、高位聖職者であり君主でもあった。ユリウスは「戦争好きの教皇」としても知られ、教皇領を維持し拡大するため、そしてフランスのイタリアへの影響力をそぐために戦った。

ムスリム世界でも後援者は同じように重要だった。あらゆる点でユリウス二世と同等か、より優れているスレイマンが、オスマン帝国を統治していた。一五二〇年までに権力を固め、一五六六年に戦陣で死去するまでそうあり続けた。スレイマンはユリウスとよく似て、戦士であり、宗教的な人物であり、芸術の後援者だった。力を恐れる者からは「壮麗帝」と呼ばれ、その正義の感覚を讃える者からは「立法帝」と呼ばれた。スレイマンの下でオスマンの剣はアラブ圏やペルシアも治下に治め、もう少しでウィーンとローマにも支配を及ぼすところだった。

スレイマンは、イスタンブルを一六世紀の世界で最も活気のあふれる都市にして、この都市にそれまでなかったほどの文化的な力を吹き込んだ。その中心となった建築家シナンは創造の才能をもち、イスタンブルとそれ以外にも刻印を遺した。道路、学校、穀物倉庫、要塞、礼拝堂、宮殿、そしてモスクなど、ありとあらゆるものを造った。スレイマン・モスクはその主を讃えて造られたもので、最大の成果の一つである。

◆トリエント公会議

一六世紀のカトリック世界で、トリエント公会議（一五四五〜六三年）は教会を改革し、宗教改革で攻撃されている伝統的な教義を確固たるものにしようと望んだ。参加者は教会での芸術とその位置づけについて慎重に審議した。そしてカトリックの伝統で芸術が中心的な位置を占めることを確認し、その政策について統一性をもたらそうとした。第二五総会（一五六三年）では「聖人の遺物、崇敬、刷新、そして聖画像について」を発した。

司教は以下のことを注意深く教えるべし。すなわち、絵画やその他の表象に描かれたわれわれの贖罪の秘跡の歴史を用いて、人々が教えられ、信仰箇条を覚えるなかで（その習慣を）確認し、そして継続的に心に思いめぐらせるよう。……さらに、聖人への祈願、遺物の崇敬、画像の聖なる使用において、あらゆる迷信は排除され、すべての不浄な利益は廃止される。最後に、あらゆる扇情的なことは避けられる。画像は欲望をあおる美しさで描かれたり飾られたりすることがないように。

聖人の祝福や遺物の歴拝は酒宴と酩酊に悪用されないように。(5)

◆宮廷芸術

教会は、芸術を後援し管理した。一七世紀から一八世紀にかけてヨーロッパの国家権力が大きくなるにつれて、君主も同じことを行い、宮廷は芸術の後援者として教会をしのぐほどになった。そのなかで、スペインとフランスは二つの異なる道を示した。スペインは政治と宗教をめぐる厳しい闘争に捕らわれていたが、他のどの国よりも宗教画を強調し続けた。メキシコ市からマニラに至るまで植民地では宗教芸術と建築によって帝国のカトリック信仰が讃えられ、少なくとも表面的には広大な帝国にわたる一体性が押しつけられた。本国ではエスコリアル（王宮）がスペイン帝国の様式と態度のための記念碑を代表した。一五六三年から一五八四年にかけてフェリペ二世によって建てられたエスコリアルは、信仰の確固たる防御の証である。厳粛で印象的な青御影石の外観をもつエスコリアルは、スペイン中央高地の風に逆らって立つとともに、ヨーロッパの政治的変化にも逆らって立っていた。

一七世紀にフランスは西欧での覇権獲得に挑んだ。支配的地位への上昇は、芸術の歴史に価値ある教訓を与える。トレント公会議が宗教芸術の統制を試みたのと同様に、国家が宮廷芸術を統制しようとした。一六四八年に王立絵画彫刻アカデミーが設立され、ジャン・バティスト・コルベールの下で影響力と権力をもつ地位を得た。歴史家が指摘してきたように、コルベールはフランスの「芸術監督」となった。その根本的な哲学とは、国家の利益を増すために芸術を使うことであり、芸術を促進するために国家を使うことではなかった。ヴェルサイユ宮殿はフランスのハイカルチャーの中心に国王と宮廷があることを確認するものだった。ルイ一四世はこれを増築してフランス建築の権威あるモデルとする計画に着手した（一六六一年）。厳粛なエスコリアルと対照的に、ホール、庭、居住区画や公務区画には絢爛豪華なフランスの力がにじみ出ていた。

この時期に、また別の芸術の潮流がみられた。深く資本主義的なプロテスタントのオランダで、以前のヨーロッパの歴史には例をみない芸術の市場が発展した。勃興する商工業者の集団と、裕福な農民の関心が、宗教的テーマに取って代わった。この人々は美と商業的価値のために芸術を集めたのである。乳牛と放牧地、家族と花、領主の屋敷と風車の絵が都市や地方の家に飾られて、芸術は生活様式となった。おそらく、一六世紀から一七世紀にかけて、オランダほど世俗芸術が人気を博した場所は世界の他のどこにもなかっただろう。

◆仏教とアジア

仏教は、アジアの宗教芸術にある種の一体性と一貫性を与えている。アジアの他の宗教とは対照的に、仏教は外へと広まった。仏教芸術は中国、東南アジア、日本、朝鮮の地元の伝統の多くを吸収したが、同時に基本的な特徴は守った。それはキリスト教に似て、局地的であると同時に普遍的である。キリスト教や他のほとんどの宗教と異なるのは、図像学の変化と多様性である。

仏教の図像は非常に単純で機能的なものから、きわめて複雑で形而上的なものへと進んだ。托鉢の鉢、仏陀がその下で悟りを得たという菩提樹、輪、蓮、稲妻などが一般的に図像に描かれる。像はあらゆる素材からつくられるが、特に石と青銅が仏教芸術の特徴である。祭壇を飾るなかで最も目につくのは、仏陀の美しく洗練された像である。仏像は仏教が広まったことを最もよく示してくれる遺物であり、それはあらゆる場所でみつけられる。仏塔は仏教の崇拝の中心となる。仏塔は、教会でも礼拝堂でもなく、第一に聖なる遺骨の場としてそれだけのために建てられ、また、寺院の一部として存在した。仏教徒は仏塔の周りに集まり、祈り、古来の経を詠唱した。

仏教はその象徴とともに広まり、同時に各地の状況に適応していった。チベット仏教と日本の禅宗は、その地域的な変化を理解させてくれる二つの変種である。仏教がチベットにやってきたのはようやく七世紀か八世紀のことだったが、すぐに優勢な文化となり、高原や高山を歩き回る荒々しい菩薩を鮮やかな姿で表現した。チベット人は、それらが悪霊から守ってくれることを頼みにして、それらを崇めるために、そしてチベットの聖なる土地を清めるために、多くの宝石で飾った剣や美しいつづれ織りをつくった。そしてマンダラもつくり出した。それは仏教世界のたいていの場所でみることができるが、特にチベットで影響力をもった。知らない者にとって、マンダラは複雑で難しい芸術作品である。キリスト教美術の単純な線や図像とは対照的に、マンダラは世界の包括的な見方を象徴する。普通は中心と中心を取り囲む同心円の絵で表される。中心は「世界の家」であり、みる者はそこに居場所をみつける。全体が秩序と調和を映し出している。

チベット美術が豊富で変化に富んでいるのとは対照的に、禅の仏教は単純さによって神学的な核を表現する。岩と砂でできた庭（石庭）はこの最良の例である。最も有名な石庭は京都の竜安寺にある。それは一五世紀から知られていて、一五の岩と砂の配置に表された秩序と意味に基づいている。

僧が示唆したように、時間のある一点では、私たちは自分自身を一五の個々の石であるかのようにみる。それらは大きくて重要で、どこかに行ったり前進したりするようにみえるが、熊手で整えられた砂によってつくられた幻想である。あるときは、私たちそれぞれが、無数の小さな砂利の粒ほどに小さく無用になる（一つひとつの砂利はかつて大きく重要な石だった）。それは、せいぜい一時的に重要である一五の石を囲む砂利のなかにある。この循環はおのずから無限に繰り返されるだろう。そのなかに物事の無常という教訓がある。[6]

◈音　楽

芸術家が聖なるものを絵で表そうとし、書記が宗教の信仰を書き記すよりもずっと前に、霊的な感覚は歌うことで表現された。音楽はあらゆる宗教伝統を取り囲んでいる。神官、シャーマン、そして他の指導者は、信仰を教えるだけでなく、それを歌える必要があった。本章の各節でも音楽を論じることができたが、その独自の特徴ゆえにここで別に論じることにする。

音楽は「森羅万象の力を象徴的に表したり呼び出したりする」「力の霊気の像」だと、ある研究者が記したのは適切である。[7] 音楽は、深く持続的な影響を人間の感情と知性に与えられることから、強い力をもつと広く認められている。音楽は香の煙のように宗教儀礼に参加する者たちを包み、浸透する。儀礼の歌の響きがこのように浸透することによって、聖なることが起こっている、あるいは起こるだろうという確信を信者に伝える。音楽は、日常の、あるいは現世の時間を儀礼の時間とはっきりと区別させる。それがもつと思われる神秘的な力はきわめて多様であり、人々を鎮めたり、興奮させて敵を攻撃し殺すよう刺激したりと、あらゆることに使われる。

ユダヤ教・キリスト教音楽の伝統は古くまで遡る。ユダヤ教の神殿での崇拝には、詩編の詠唱と、軍事的勝利を神に感謝して節をつけて物語ることが組み込まれていた。キリスト教の初期の典礼でどの程度音楽が使われていたかは疑わしいが、聖パウロ自身が「詩編と賛美と霊の歌で語りあい、主に向かって心から調べをつくり歌いなさい」（『エフェソの信徒への手紙』五章一九節）と書いた。何世紀もの議論と試みのあとで、グレゴリオ聖歌の単旋律聖歌がこの「調べをつくり歌う」基準となった。伝統的には教皇大グレゴリウスによるものとされている。

他の芸術と同様、音楽にも議論が起こった。一四世紀初期の教皇ヨハネス二二世は、単旋律聖歌が多声音楽に乗っ取られるのではないかと不安になった。勅書「ドクタ・サンクトルム・パトルム」は、多声音楽は「耳を酔わせる」傾向があるため、信者が神に集中しにくくなるという理由で、ミサに多声音楽を使うことを厳しく制限した。のちにトリエント公会議（第二二総会）でも同様に、「感情に訴えるような、うわついた」音楽に反対した。

イスラム教と音楽との関係はより複雑である。アラビア語で音楽と呼ぶものを、イスラム教の公式の政策は全般的に禁止している。たいていの非ムスリムは、イスラム教の豊かで変化に富む発声を音楽の形態と解釈するけれども、ムスリムは、定義に従って、世俗の歌のみを厳密に音楽だと考える。ムスリムは、キリスト教と同様に、音楽が信者を神から遠ざけて堕落させるかもしれないという心配を伝統的に表明してきた。一方で、宗教的な物語と祈りへの呼びかけを伴うならば、高度な旋律とリズムのついた詠唱でも語りの一形態であると、たいていの人は主張した。イスラム教の朗読や祈りの呼びかけの音は中東全体で日々聞くことができ、あらゆる宗教的な詠唱と同様に、その上品な芸術のかたちはイスラム教の儀礼の聖性を伝えてくれる。

仏教、特に大乗仏教は、おびただしい量の音楽のレパートリーをもち、それは儀礼のなかで会衆を助ける。仏教の歌と詠唱の多くは音楽の表記法で記録されてこなかったが、たいていは数世紀にわたって世代から世代へと耳で伝えられた。中国や他の地域の仏教僧の間では、その音楽の古代の響きを毎日の勤行で聞くことができる。仏教では、心の静穏を養い、魂を清め、真実への感受性を高める一つの重要な道具として音楽をみている。音楽は、個人、家族、そして社会のなかで平和を培うのにきわめて重要な役割を演じると、ダライラマは語った。

アジアの他の宗教にはそれぞれに独自の音楽的伝統がある。シク教では、音楽と宗教そのものを区別することがほぼ不可能である。その最も聖なる、権威ある聖典『アディ・グラント』は不変の聖なる讃歌からなり、すべての典礼での儀礼の枠組みをつくり上げ、参加者に神の理解を伝える。他の多くの宗教でもそうであるように、シクの儀式では、音楽、言葉、そして儀礼での行動が混ざりあって、参拝者の心と魂を照らし、聖なる何かをかすかに感じさせる。

音楽は、これらのすべての宗教で、交流の手段として、つまり地上に住む者と超越的な領域をつなぐ導管として機能する。原始宗教的な伝統のなかではリズムと音の力によって、意識の高められた状態や恍惚となる没我の状態すらもたらすことができ、それによって究極の現実ならびに真実とのより近い関係へと人々を向かわせる。サハラ以南のアフリカの諸集団では、音楽が霊の世界に影響を与えると信じられている。至高の創造者が被造物から遠く隔たっているために、宗教儀礼は、人間とより近い相互関係にある下位の神と祖先の霊が中心となる。ガーナのガー族のように、異世界にいる霊を讃えて喜ばせることを意図して音楽をつくり、儀式の間にこの霊たちが部族の霊媒に取り憑いて、地上の人々に加わって音楽と踊りをつくることもある。

音楽と儀礼との関連は、抵抗を引き起こすこともできる。信者は敵に対して文化的に強くあるために、歌い、詠唱する。南北戦争以前、黒人奴隷は夜にひそかに森で集まり、白人から監視や干渉を受けずに自分の神を崇拝した。この地下教会の集会から、信仰を維持し解放を願う多数の歌がつくられた。元奴隷のフレデリック・ダグラスが書いているように、「甘美なカナンよ」のような黒人霊歌は、疲れ果てた黒人に、自由が待っていることを強く思い起こさせる媒体として働いた。アメリカ先住民も歌い踊りながら同様なことを望み、自分の土地から白人のアメリカ人が追い出されることを確信させる終末論的な預言を維持した。音楽はあらゆる宗教の一部となっている。それは信者が自分の聖なる時間を区別して、時間と空間を超越した物事や聖なる場所との関係に注意を向けるのを助け、究極の真実に触れられる交わりへと信者を導く。

◆ある時代の終焉

美は永遠であり、常に存在し、神の一部である。偉大な宗教芸術は美を明らかにする。言い換えれば、芸術家は、みることと聴くことについての独自の創造性と才能を用いて、ここにありながらも隠されているものを発見する。その創作物は、永遠の価値をもつ深い力の秘められたしるしか、あるいは、外面に現れたしるしなのである。

このような叙述にすべての人が賛同するわけではないだろうが、ここから導かれるのは、最近の世代において、西洋のキリスト教世界でつくられてきた宗教と教会が「世界の無神論的な退廃を黙認している」という意見である。[8] 啓蒙の時代の後で、宗教は自らの芸術的指針を失い始め、そのために霊的な活力も失い始めた。偉大な芸術がなくなり、教会はからになった。宗教芸術の「退廃」は、世俗化の多くの力と重なりながら知らないうちに宗教の重要性を弱めてきた。結果として、人々は教会に行かなくなった。

◆民俗芸術

芸術と宗教の距離がますます遠くなるにつれて霊的な景観は不毛になったが、芸術を通して宗教を表現する欲望が消えることはなかった。古典の芸術や教会音楽を超えたところにも芸術の世界は存在する。民俗の、民間の、素朴な、原初的な、という言葉は、いずれも公式な訓練を受けたことがない、あるいは後援者をもたない人々の芸術を指す。かれらには創作する意欲があり、手元にある材料を使って超越的なものの姿を表現した。

ラテンアメリカの豊かな伝統はその顕著な一例である。植民地化によって、カトリックの宗教信仰が先住民とアフリカのそれと競合し、かつ融合して、複合的な信仰体系をしっかりとつなぎ止めるような芸術的伝統がつくり出された。ラテンアメリカの奉納品エクスボトは人々の創造性と霊性によって異彩を放っている。エクスボトはラテン語の「私の願いから」に由来する。たいていは木やブリキの板であり、そこに小さく粗雑に場面が描かれ、神の干渉に感謝するか、それを願うかするものである。それぞれが、危機と勝利、恐怖と楽観主義、献身と信仰の小さな伝記文学である。

宗教的な音楽と舞踊は常に民衆的な表現をみつけてきた。合衆国のアフリカ系アメリカ人の教会は、芸術の不毛についてのあらゆる概念に挑戦するゴスペルと霊歌で満たされている。装飾はなく物理的環境は平凡かもしれないが、音楽に鼓舞された喜びの感覚はそれに打ち勝つ。コンドルの衣装を着て太鼓とタンバリンに合わせて踊り歌うアンデスの子どもたちから、カトリック教会で伝統的な旋律を歌うアフリカ人まで、世界中で同様のことが繰り返されている。

民衆文化と宗教は、この新しい千年紀にまた別のレベルでルネサンスを迎えるだろう。ダン・ブラウンの『天使と悪魔』（二〇〇一年）と『ダ・ヴィンチ・コード』（二〇〇三年）の出版社は儲けを求めて大成功を収めた。どちらの小説も宗教のテーマを折り込み、そこに神秘的で象徴的なひねりを加えて読者を楽しませている。

より力強くてもっと潜在的な影響力をもつのが、メル・ギブソンの『パッション』(二〇〇三年)である。暴力描写と、ある批評家によれば反セム主義であるとの理由から議論の的となったこの映画は、イエス・キリストの最後の時間を描く。多くの人を驚かせたその商業的成功は、本章のテーマとも合致する。芸術は、岩に彫った初期の形態だろうが、最新の映画の魔術だろうが、繰り返し宗教のテーマに向かい、人間はいつも関心を寄せる。

ここで探究してきたことのすべては、ホモ・レリギオーススつまり宗教的人間の芸術表現がよく生き続けていることを示唆する。本章は、出発したところに戻って、『聖と俗の美――芸術のなかの聖性』から引用して締めくくろう。「このように宗教と芸術、そして他の領域との間に、実際の接触があるわけではない。私たちにとってきちんと分けられている平面が集まった系列を、原始の人間は同心円としてみた。その人にとって、生命はまだ一つの統一体である」[9]。さらにつけ加えることがあるとすれば、宗教、芸術、そして生命は、多くの点で重なりあい交わるのだから、多くの現代人にとってもそれらは一つであるということである。

注

(1) St. John of Damascus, *Three Treatises on the Divine Images*, Trans. A. Louth, Crestwood, NY: St. Vladimir's Seminary Press, 2003, p. 93.

（2） E. A. Gardner, *Religion and Art in Ancient Greece*, London: Harper & Brothers, 1910, pp. 86–88.

（3） St. John of Damascus, *Three Treatises on the Divine Images*, p. 82.

（4） A. Hauser, *The Social History of Art*, vol. I, London: Routledge and Kegan Paul, 1951, p. 242.〔アーノルド・ハウザー、高橋義孝訳『芸術と文学の社会史』第一巻、平凡社、一九五八年、二九〇頁〕

（5） J. Waterworth（ed. and trans.）, *The Canons and Decrees of the Sacred and Oecumenical Council of Trent*, London: Dolman, 1848, pp. 234–236.〈http://history.hanover.edu/texts/trent.html.〉（二〇〇五年一月八日閲覧）〔二〇二〇年一月二八日閲覧〕

（6） R. E. Fisher, *Buddhist Art and Architecture*, London: Thames and Hudson, 1993, p. 166.

（7） D・ロシュの言葉であり、次に引用されている。L. Bouchard, "Arts and the Knowledge of Religion," *The Journal of Religion*, vol. 70, July 1990, pp. 353–367.

（8） P. Dearmer, *Art and Religion*, London: Student Christian Movement Press, 1936, p. 4.

（9） G. van der Leeuw, *Sacred and Profane Beauty: The Holy in Art*, trans. D. E. Green, New York: Holt, Rinehart and Winston, 1963, p. 11.

第11章　序幕としての過去

世界史のなかで宗教は非常に大きくて複雑な主題であるため、結論や将来への予想となるような推論を引き出すのは難しい。困難の中心にあるのは、一般的な読者にもいまや明らかになったように、宗教は内的なものであるとともに外的なものでもあり、隠されているとともに目にみえるものであり、閉ざされていたり開かれていたりすることである。宗教は個人の心と精神に浸透し、そのために社会にも満ちている。その歴史は地球の大地と海の歴史に似ている。つまり、地表をみて描くことは簡単だが、表面から内側へ向かうと不可解で予期できぬものである。地中深く進むほど、困難に出合うことになる。そして最も深い層や最も不可解な潮流には、大いに努力しないと到達できない。宗教についてもそうである。表面的な歴史ですら十分に難しいのだが、表面より内側にはより深いドラマが展開していることを常に忘れないようにする必要がある。

本書は宗教の諸層について限定的な核となる実例を提供し、社会と文化における宗教の複雑な役割を読者に紹介した。もしも歴史を動かす信仰や動機や究極的関心を把握できるとしたら、他の文化やその過去を表面的に認識するだけでなく、さらに先に進まねばならない。その究極的関心を検討しないでも他文化を理解できるという考えには、よくても無知が、最悪の場合には傲慢さがただよっている。

今日、人類が直面している喫緊のジレンマの一つは、文化の衝突から発して広がっているものである。同じ地理的領域のなかで宗教集団が重なりあっている状態は、近い将来、国民や民族が直面する最も難しい問題であり続けるだろう。これは何も新しいことではない。アジアでの仏教の拡大、ヨーロッパでのキリスト教の拡大、そして中東や他の場所でのイスラム教の拡大のために、歴史上の時代を画するような文化的交流が引き起こされてきた。人々は戦い、愛し、生きて死に、そしてついに共存のメカニズムを考え出した。チベットでの仏教のように、新たな宗教が優勢になった場合もある。スペインでのイスラム教のように、栄光ある過去をわずかに思い出させてくれるだけのものとして残った場合もある。現在の新しい現象は、宗教の拡大の速さ（そして相互作用の強さ）である。

第二次世界大戦の後、移住のパターンとコミュニケーション・ネットワークの増加によって、以前は宗教的に均質だった場所で、複数の宗教が入り交じるようになった。議論の余地なくグローバル化が日々の経験の現実となるにしたがって、根本から異なる宇宙観と哲学をもつ様々な宗教が、当然の結果として交じりあうことになる。宗教集団が他の宗教共同体から完全に孤立して機能したような日々は過ぎ去った。いまや、これらの宗教共同体が平和に共存しようとするならば、他の宗教の教えや価値観を理解する必要があることは明らかである。自分が共有できないだろう究極的関心事のために他の人が命を投げ出そうとする理由を理解するために、宗教心があろうがなかろうが、すべての人は表面から内側へと掘り進んでいかねばならない。

神学者パウル・ティリッヒは、「宗教は文化の実体であり、文化は宗教の形式である」ととらえた[1]。私たちが理解している以上に、宗教は私たちが文化として定義しているものの中心を占めている。それは、家族関係から芸術と美学、そして政治組織に至るすべてを人間が組織し解釈する際に、最も重要な基礎構造の一つをなしている。政治組織と宗教との関係は、二〇〇四年一一月に、アメリカ人がジョージ・W・ブッシュを大統領に再選したときにふたたび明らかになった。世界中の多くの人は、選挙結果に驚いて、取るに足らない証拠を基にイラクでの長引く流血の争いへと国民を導いた人物を、なぜ合衆国の有権者が支持したのか、理解しようとやっきになった。出口調査からわかったのは、具体的な宗教的信念に基づいた保守的な道徳観が、投票行動で重視されていたということである。

この選挙はキリスト教が強い力を保っていることを示した。合衆国において宗教の帝国的拡大が起こっていることは、信仰とのしばしば容易ならぬ関係が存在し続けていることを意味している。政治家はこの事実を認識している。選挙を通じて、ブッシュも、その対立候補だったジョン・ケリーも宗教共同体に訴えかけた。投票の数週間前に、ケリーはフロリダ州マイアミのバプティスト教会で自分の携帯用の『聖書』を高く掲げてみせ、多くの会衆の前で『聖書』を引用して話した。ブッシュは公には宗教的な表明を避けていたけれども、選挙活動全体で、熱心な宗教信者へのアピールに力を入れた。同時に、共和党全国委員会は政治的な「顧問」を雇用した。ブッシュに有利になるよう福音主義の聖職者に影響を与えるためである。

リベラルたちは、大きな選挙を揺り動かした保守的な宗教の力に明らかに衝撃をうけ、実際、自分たちが宗教の力に気づいていなかったことに不意打ちをくらった。保守派は、この選挙がリベラリズムの終わりの始まりだとうるさく宣伝して優越感に浸っていたが、宗教は予測できないものであり、正当な社会的文脈が与えられると抵抗や反乱も育てうることを理解できなかった。合衆国の選挙は、宗教の影響を過小に評価してはならないことを気づかせてくれた。それとともに、実用のために、あるいは政治の緊急事態に備えて、宗教を川の流れのようにダムで長期間せき止めてコントロールできるなどと考えてはいけないことを気づかせてくれたのである。

これは、少なくとも合衆国と世界の残りの大部分について当てはまる。というのは、興味深い例外も起こっているからである。ケベックで「静かな革命」を経験した一九六〇年代や、スペインで一九七五年のフランシスコ・フランコの死後に、新たな政治体制をつくろうと取り組んでいたときに宗教の衰退が急速に進んだことを考えると、宗教について一般化するのは難しいことがわかる。それは、西ヨーロッパの多くと同様に、長い間文化的アイデンティティを与えてきた宗教的なシンボルや儀礼が希薄になって、「脱聖化」や「非キリスト教化」の文化と呼ばれてきたことである。

極度に世俗化されたこれらの社会をみて、宗教の運命を予言するのは早急すぎる。宗教を撲滅しようというイデオロギーや社会運動による過去の努力から学ぶことがあるとするならば、それは、そのような努力がすでに失敗してきたということである。一七八九年のフランス革命によって解き放たれた暴力的な宗教攻撃も、一九一〇年のメキシコ革命も、一九一七年のボリシェヴィキ革命も、そして数えきれないその他の事例も、宗教の信仰と儀礼を完全に根絶することに最終的には失敗した。宗教という問題は複雑であり、ゴルディオスの結び目のように一太刀で切断することも、宣言文を読み上げるだけで解きほぐすこともできない。宗教間の両立しえない真実の主張を消し去るような新しい総合的な宗教を提案してきた宗教研究者や社会理論家は、宗教がどれほど深く文化に浸透しているか理解していないのだ。宗教が文化による浅薄な産物だとしたら、その代替物は簡単につくることができるだろう。しかし事実は違う。宗教は、それに固執する人にとって常にそうだったように、究極的関心を実現する手段なのである。それは多くの人にとって、意味そのものを引き出す道である。政治家や理論家には簡単に攻略することも手なずけることもできないだろう。

フロイトが「負けが決まっている」と記したのとはまったく異なり、宗教は、過去にそうだったのと同じように、現在でも大きな社会勢力である。キリスト教は、発展途上国や中国や他のアジア地域で爆発的な拡大をみせている。最近のニュースで、イギリスではイングランド教会よりもモスクへ通う人の数が多いと報道されたとおり、発展途上国でも西側でもイスラム教は拡大している。以前はプロテスタントが優勢で、最近ではカトリックが優勢になった合衆国でも、仏教、ヒンドゥー教、その他の伝統的なアジアの宗教が人気を博している。北アメリカの多くの場所で、都市でも農村部でも、ヒンドゥー教の修行者の住居であるアーシュラムが景色の一部となっている。

さらに多くを物語るのが、通常「原始的」とみられてきた宗教の存続と普及である。一八世紀には、このような古来の信仰は消え去ると予見されていたが、それは早まった見方だった。北方に育つサボテンのように、このような宗教は極端な環境の変化にも適応してきた。パリで行われているサンテリーアや、ウェストヴァージニアの田舎で行われているアメリカ先住民のスウェット・ロッジの儀式は、これらの宗教の耐久力を示している。植民地主義、都市化、工業化、そして新たな情報革命は、これらの伝統を破壊したわけではなかった。

宗教の耐久力はすでに認められた事実である。だが諸々の疑問は残る。一つの社会的な場のなかで複数の宗教が重なる場合、対立はさらに増えて流血沙汰となるのか、それともこれらの宗教が基盤となって、互いに平和に生きていく方法がみつけだされるのか。いまのところ、答えははっきりしていない。宗教的迫害は世界中でみられる。スーダン、インドネシア、ヴェトナム、北朝鮮、中国などでは、宗教の信者に対して容赦ない行動をとり、日々の国際ニュースで取り上げられている。無神論の政府が偏狭な反宗教思想を吹き込んでいる地域もあるが、ある宗教の一派が別の信仰体系を信じる人々への攻撃を先導している場所も多い。将来についてここから悲観論を導き出すのは簡単である。

この悲観論は、過去の別の読み方から得られる楽観論でバランスをとる必要がある。たいていの宗教の中心には、根深く、そして形而上学的に、平和に対する希求が植え込まれて定着している。世界史や現在のニュースを調べるなら、より高い存在の名で平和のために生きて死んだ者たちの犠牲と成功は、最も注目を集める嫌悪と暴力の部分と同じくらいか、それ以上に過去の一部となっている。平和をつくり出そうとした宗教家たち、例えば、ガンディー、マザー・テレサ、マーティン・ルーサー・キング・ジュニア、ダライラマなどは、自分が信仰と呼んだ不可欠の源泉を汲み上げたのであり、新しく宗教横断的な集団がこの人々に続くかどうかは時がたてばわかるだろう。もしそうなるなら、地球規模の調和を人類が求めるなかで、宗教は困難に向かってその力を発揮し、中心的な役割を果たすことになるだろう。

注

（1）P. Tillich, *Systematic Theology*, vol. 3, Chicago: University of Chicago Press, 1963, pp. 248–249.〔パウル・ティリッヒ、土居真俊訳『組織神学　第三巻』新教出版社、二〇〇四年、三一二頁〕

参考文献

Ahlstrom, S. (2004) *A Religious History of the American People,* 2nd edn., New Haven: Yale University Press.

Albanese, C. L. (1999) *America: Religions and Religion,* Boston: Wadsworth Publishing Company.

Armstrong, K. (2001) *The Battle for God: A History of Fundamentalism,* New York: Ballantine Books.

Appleby, R. S. (2000) *The Ambivalence of the Sacred: Religion, Violence, and Reconciliation,* Lanham, MD: Rowman and Littlefield Publishers.

Ash, T. G. (2002) *The Polish Revolution: Solidarity,* 3rd edn., New Haven: Yale University Press.

Banks, C. (1993) *Women in Transition: Social Control in Papua New Guinea,* Canberra: Australian Institute of Criminology.

Bass, S. J. (2002) *Blessed Are the Peacemakers: Martin Luther King, Jr., Eight White Religious Leaders, and the 'Letter from Birmingham Jail',* Baton Rouge: Louisiana State University Press.

Bouchard, L. (1990) "Arts and the Knowledge of Religion," in *Journal of Religion,* pp. 70, 353-367.

Bromley, D. G. and Shupe, A. D. (1981) *Strange Gods: The Great American Cult Scare,* Boston: Beacon Press.〔デイヴィッド・G・ブロムリー／アンソン・D・シュウプ・ジュニア，稲沢五郎訳『アメリカ「新宗教」事情』ジャプラン出版，一九八六年〕

Bronski, M., "The Politics of Sainthood," *The Boston Phoenix,* July 11, 2002, 2. Online. Available HTTP: 〈http://www.bostonphoenix.com/boston/news_features/top/features/documents/02350559.htm〉（accessed September 28, 2004）.

Browne, H. J.（1948）*The Catholic Church and the Knights of Labor,* Washington, DC: The Catholic University of America Press.

Bruckberger, R. L.（1971）*God and Politics,* trans. E. Levieux, Chicago: J. Philip O'Hara.

Brundage, B. C.（1979）*The Fifth Sun: Aztec Gods, Aztec World,* Austin: University of Texas Press.

Burton, R.（1964）*Personal Narrative of a Pilgrimage to Al-Madinah and Meccah,* New York: Dover Publications.

Carlen, C.（ed.）（1981）*The Papal Encyclicals,* Raleigh, NC: McGrath.

Carmody, D. L. and Carmody, J. T.（1996）*Mysticism: Holiness East and West,* New York: Oxford University Press.

Carnegie, A.（1962）*The Gospel of Wealth and Other Timely Essays,* Cambridge, MA: Harvard University Press.〔アンドリュー・カーネギー、田中孝顕訳『富の福音』きこ書房、二〇一八年〕

Cheek T.（ed.）（2002）*Mao Zedong and China's Revolutions: A Brief History with Documents,* Boston: Bedford/St. Martins.〔本文で言及されている湖南省農民の視察報告は次を参照。「湖南省農民の視察報告」中国共産党中央委員会毛沢東選集出版委員会編『毛沢東選集　第一巻』外文出版社、一九六八年、一九～七二頁〕

Collins, M., Power, D. and Burnim, M.（1989）*Music and the Experience of God,* Edinburgh: T. & T. Clark.

Coward, H. and Smith, G. S.（eds.）（2004）*Religion and Peacebuilding,* Albany: State University Press of New York.

de Las Casas, B.（1992）*In Defense of the Indians,* trans. S. Poole, DeKalb: Northern Illinois University Press.

Dearmer, P.（1936）*Art and Religion,* London: Student Christian Movement Press.〔パーシー・ディアマー、園部不二夫・菊地雄一訳『芸術と宗教』一粒社、一九三六年〕

Durkheim, E.（1912）*The Elementary Forms of the Religious Life: A Study in Religious Sociology,* trans. J. W. Swain, London: George Allen & Unwin.〔エミール・デュルケム、古野清人訳『宗教生活の原初形態』上下、岩波書店、一九七五年〕

Eliade, M.（1961）*The Sacred and the Profane: The Nature of Religion,* trans. W. R. Trask, New York: Harper & Row.〔ミルチャ・エリアーデ、風間敏夫訳『聖と俗』法政大学出版局、一九六九年〕

Eliade, M.（ed.）（1987）*The Encyclopedia of Religion,* New York: Macmillan.

Ellens, J. H.（ed.）（2004）*Destructive Power of Religion: Violence in Judaism, Christianity and Islam,* Westport, CT: Praeger Publishers.

Ellwood, R. S.（1977）*Words of the World's Religions,* Englewood Cliffs, NJ: PrenticeHall.

Eppsteiner, F.（ed.）（1988）*The Path of Compassion: Writings on Socially Engaged Buddhism,* Berkeley: Parallax Press.

Esposito, J. L., Fasching, D. J. and Lewis, T.（2002）*World Religions Today,* New York: Oxford University Press.

Ferguson, E.（1999）*Early Christians Speak: Faith and Life in the First Three Centuries,* Abilene: Abilene Christian University Press.

Ferguson, J.（1978）*War and Peace in the World's Religions,* New York: Oxford University Press.〔この本

を元に本文で引用されている『ラーマーヤナ』には次の翻訳がある。ヴァールミーキ，中村了昭訳『新訳ラーマーヤナ6』平凡社，二〇一三年〕

Fisher, R. E.（1993）*Buddhist Art and Architecture,* London: Thames and Hudson.

Gandhi, M.（1986）*The Moral and Political Writings of Mahatma Gandhi,* ed. R. Iyer, Oxford: Clarendon Press.

Gardner, E. A.（1910）*Religion and Art in Ancient Greece,* London: Harper & Brothers.

Gauchet, M.（1987）*The Disenchantment of the World: A Political History of Religion,* trans. O. Burge, Princeton, NJ: Princeton University Press.

Goetz, D. and Morley, S. G.（English version）（1950）*Popol vuh: The Sacred Book of the Ancient Quiché Maya,* from the translation of Adrián Recinos, Norman: University of Oklahoma Press.〔A・レシーノス原訳，林屋永吉訳『ポポル・ヴフ』中央公論社，一九七七年〕

Gopin, M.（2000）*Between Eden and Armageddon: The Future of World Religions, Violence, and Peacemaking,* New York: Oxford University Press.

Gopin, M.（2002）*Holy War, Holy Peace: How Religion Can Bring Peace to the Middle East,* New York: Oxford University Press.

Graham, W. A.（1987）*Beyond the Written Word: Oral Aspects of Scripture in the History of Religion,* New York: Cambridge University Press.

Griffith, R. T. H.（trans.）（1963）*The Hymns of the Rgveda, translated with a Popular Commentary by Ralph T. H. Griffith,* Varanasi: Chowkhamba Sanskrit Series Office.〔辻直四郎訳『リグ・ヴェーダ讃歌』岩波書店，一九七〇年〕

Gutiérrez, G.（1983）*The Power of the Poor in History,* trans. R. R. Barr, Maryknoll, NY: Orbis Books.

Hanna, S.（1981）"Piecemeal Peace," *Eternity,* 32, December.

Hauser, A.（1951）*The Social History of Art,* vol. I, London: Routledge and Kegan Paul.〔アーノルド・ハウザー、高橋義孝訳『芸術の歴史』一、平凡社、一九五八年〕

Herzl, T.（1956）*The Diaries of Theodor Herzl,* ed. and trans. M. Lowenthal, New York: The Dial Press.

Howitt, W.（1838）*Colonization and Christianity: A Popular History of the Treatment of the Natives by the Europeans in all their Colonies,* London: Longman.

Hughes, T. P.（1964）*A Dictionary of Islam,* Lahore: Premier Book House.

Huntington, S. P.（1997）*The Clash of Civilizations: Remaking of World Order,* New York: Touchstone.〔サミュエル・ハンチントン、鈴木主税訳『文明の衝突』集英社、一九九八年〕

"Islamic-Catholic Committee Calls for Peace Prayers"（2004）Independent Catholic News. Online. Available HTTP:〈http://www.indcatholicnews.com/ismco.html〉（accessed August 23, 2004）.

Johnson, J. T.（1984）*Can Modern War be Just ?* New Haven: Yale University Press.

Johnston, D.（1995）*Religion, the Missing Dimension of Statecraft,* New York: Oxford University Press.

Josephus, F.（1987）*The War of the Jews or the History of the Destruction of Jerusalem,* in *The Works of Josephus,* trans. W. Whiston, Peabody, MA: Hendrickson Publishing.〔フラウィウス・ヨセフス、秦剛平訳『ユダヤ戦記』一〜三、筑摩書房、二〇〇二年〕

Kaufman, W.（1961）*Religion from Tolstoy to Camus,* New York: Harper & Row.

Keeler, B. "A Giant Among Popes," Newsday. com, October 12, 2003. Online. Available HTTP:〈http://www.newsday.com/news/nationworld/world/ny-popemain1012,0,4614240.story〉（accessed February 8, 2004）.

Kelsay, J. and Johnson, J. T.（1991）*Just War and Jihad: Historical and Theoretical Perspectives on War and Peace in Western and Islamic Traditions,* New York: Greenwood Press.

King, M. L. Jr.（1964）"Letter From Birmingham City Jail," in *Why We Can't Wait,* New York: Penguin.〔マーチン・ルーサー・キング，中島和子・古川博巳訳「バーミングハムの獄中から考える」『黒人はなぜ待てないか』みすず書房，二〇〇〇年，九二～一一八頁〕

La Barre, W.（1989）*The Peyote Cult,* 5th edn., Norman: University of Oklahoma Press.

Lincoln, B.（2003）*Holy Terrors: Thinking about Religion after September 11,* Chicago: University of Chicago Press.

Lings, M.（1971）*A Sufi Saint of the Twentieth Century: Shaikh Ahmad al-' Alawī: His Spiritual Heritage and Legacy,* Berkeley and Los Angeles: University of California Press.

Livingston, J. C.（1989）*Anatomy of the Sacred: An Introduction to Religion,* New York: Macmillan Publishing Company.

Marthaler, B.（ed.）（2002）*New Catholic Encyclopedia,* Farmington Hills, MI: Thomson Gale.

Martin, R. C.（ed.）（2004）*Encyclopedia of Islam and the Muslim World,* New York: Macmillan.

Marx, K. and Engels, F.（1957）*On Religion,* Moscow: Foreign Languages Publishing House.〔本文で言及されているのは以下である。カール・マルクス，真下真一訳「ヘーゲル法哲学批判序論」『ヘーゲル法哲学批判序論』大月書店，一九七九年，三二七～三五一頁。フリードリヒ・エンゲルス，大内兵衛・細川嘉六監訳「オイゲン・デューリング氏の科学の変革（反デューリング論）」『マルクス＝エンゲルス全集　第二〇巻』大月書店，一九六八年，一～三三五頁〕

McNeill, W. H.（1979）*A World History,* New York: Oxford University Press.〔ウイリアム・H・マクニール，

増田義郎・佐々木昭夫訳『世界史』中央公論新社，二〇〇一年〕
Merton, T.（1967）*Mystics and Zen Masters*, New York: Dell.〔トマス・マートン，池本喬・中田裕二訳『キリスト教と禅体験』エンデルレ書店，一九六九年（抄訳）〕
Neihardt, J. G.（1979）*Black Elk Speaks: Being the Life Story of a Holy Man of the Oglala Sioux*, Lincoln: University of Nebraska Press.〔ジョン・G・ナイハルト，宮下嶺夫訳『ブラック・エルクは語る』メルクマール，二〇〇一年〕
Nelson, R. K.（1986）*Make Prayers to the Raven: A Koyukon View of the Northern Forest*, Chicago: University of Chicago Press.
Noss, J. B.（1974）*Man's Religions*, 5th edn., New York: Macmillan.
Oursel, R.（1963）*Les pèlerins du Moyen Age: Les hommes, les chemins, les sanctuaires*, Paris: Fayard.〔レーモン・ウルセル，田辺保訳『中世の巡礼者たち——人と道と聖堂と』みすず書房，一九八七年〕
Outler, A. C.（ed.）（1964）*John Wesley*, New York: Oxford University Press.
Overmyer, D. L.（1986）*Religions of China: The World as a Living System*, New York: Harper and Row.
Parrinder, G.（1961）*West African Religion: A Study of the Beliefs and Practices of Akan, Ewe, Yoruba, Ibo, and Kindred Peoples*, London: The Epworth Press.
Pirenne, H.（2001）*Mohammed and Charlemagne*, trans. B. Miall, New York: Barnes and Noble.〔アンリ・ピレンヌ，増田四郎監修，中村宏・佐々木克巳訳『ヨーロッパ世界の誕生——マホメットとシャルルマーニュ』創文社，一九六〇年〕
Porterfield, A.（1998）*The Power of Religion: A Comparative Introduction*, New York: Oxford University Press.

Qutb, S.（2000）*Social Justice in Islam*, trans. J. B. Hardie and H. A. Oneonata, New York: Islamic Publications International.

Ramakrishna, S.（1942）*The Gospel of Sri Ramakrishna*, trans. S. Nikhilananda, New York: Ramakrishna-Vivekananda Center.〔『(全訳) ラーマクリシュナの福音』日本ヴェーダーンタ協会、一九八七年〕

Roberts, K.（1995）*Religion in Sociological Perspective*, 3rd edn., Belmont, CA: Wadsworth Publishing Company.

Rodriguez, J. P.（1999）*Chronology of World Slavery*, Santa Barbara: ABC-CLIO.

Roys, R. L.（1933）*The Book of Chilam Balam of Chumayel*, Washington DC: Carnegie Institution.〔『チラム・バラム』には次の日本語訳がある。ル・クレジオ原訳・序、望月芳郎訳『マヤ神話――チラム・バラムの予言』新潮社、一九八一年〕

St. John of Damascus, *Three Treatises on the Divine Images*, trans. A. Louth, Crestwood, NY: St. Vladimir's Seminary Press.

Schultz, R. C.（ed.）（1967）*Luther's Works*, Philadelphia: Fortress Press.〔本文で言及されている「農民の殺人・強盗団に抗して」は次を参照。マルチン・ルター、渡辺茂訳「農民の殺人・強盗団に抗して　一五二五年」ルター著作集編集委員会編『ルター著作集　第一集　第六巻』聖文舎、一九六三年、三五五〜三七二頁〕

Schweitzer, A.（1933）*Out of My Life and Thought: An Autobiography*, trans. C. T. Campion, New York: Henry Holt.

Shannon, T. A. and O'Brien, D. J.（1977）*Renewing the Earth: Catholic Documents on Peace, Justice, and Liberation*, New York: Doubleday.

Siemon-Netto, U.（2004）"Analysis: Beheadings Cause Muslims Grief," *Washington Times*, Online. Available

HTTP:〈http://www.washingtontimes.com/upi-breaking/20040621-115445-7143r.htm〉(accessed July 6, 2004).

Smart, N.(1989)*The World's Religions,* Englewood Cliffs, NJ: Prentice Hall.〔ニニアン・スマート，阿部美哉訳『世界の諸宗教』教文館，一九九九年〕

Smith, W. C.(1949)"The Comparative Study of Religion," in W. H. Capps (ed.)(1972), *Ways of Understanding Religion,* New York: The Macmillan Company.

Smith, W. C.(1977)*Belief and History,* Charlottesville: University of Virginia Press. "Society Quotes," World of Quotes, Online. Available HTTP:〈http://www.worldofquotes.com/topic/Society/3/index.html〉(accessed June 14, 2004).

Stannard, D. E.(1992)*American Holocaust,* New York: Oxford University Press.

Starkie, W.(1965)*The Road to Santiago: Pilgrims of St. James,* Berkeley and Los Angeles: University of California Press.

Strong, J.(1963)*Our Country,* Cambridge, MA: Harvard University Press.

Ten Grotenhuis, E.(ed.)(2002)*Along the Silk Road,* Washington DC: Smithsonian Institution.

Tillich, P.(1963)*Christianity and the Encounter of World Religions,* New York: Columbia University Press.〔パウル・ティリッヒ，野呂芳男訳「キリスト教と諸世界宗教との出会い」『ティリッヒ著作集四』白水社，一九七九年，六九－一三八頁〕

Tillich, P.(1963)*Systematic Theology,* Chicago: University of Chicago Press.〔パウル・ティリッヒ，土居真俊訳『組織神学』一～三，新教出版社，一九六九～八四年〕

Tolstoy, L.(1971)*A Confession, the Gospel in Brief, and What I Believe,* trans. A. Maude, London: Oxford

University Press.〔レフ・トルストイ，原久一郎訳『懺悔　改版』岩波書店，一九六一年〕

Toynbee, A.（1956）*An Historian's Approach to Religion,* London: Oxford University Press.〔アーノルド・トインビー，深瀬基寛訳「一歴史家の宗教観」アーノルド・トインビー，深瀬基寛・山口光朔訳『トインビー著作集四　一歴史家の宗教観』社会思想社，一九六七年，三〜四四三頁〕

Twain, M. [Clemens, S. L.]（1896）"Man's Place in the Animal World," reprinted in *Mark Twain: Collected Tales, Sketches, Speeches, & Essays,* 1891–1910（1992）, New York: Literary Classics of the United States.

van der Leeuw, G.（1963）*Sacred and Profane Beauty: The Holy in Art,* trans. D. E. Green, New York: Holt Rinehart and Winston.

Vorspan, A. and Lipman, E. J.（1964）*Justice and Judaism: The Work of Social Action,* New York: Union of American Hebrew Congregations.

Wallace, A. F. C.（1966）*Religion: An Anthropological View,* New York: Random House.

Waterworth, J.（ed. and trans.）（1848）*The Canons and Decrees of the Sacred and Oecumenical Council of Trent,* London: Dolman. Online. Available HTTP: 〈http://history.hanover.edu/texts/trent.html〉（accessed January 8, 2005）.

Waugh, E.（1950）*Helena: A Novel,* Boston: Little, Brown, and Company.〔イヴリン・ウォー，岡本浜江訳『ヘレナ』文遊社，二〇一三年〕

Weber, M.（1958）*The Protestant Ethic and the Spirit of Capitalism,* trans. T. Parsons, forward by R. H. Tawney, New York: Charles Scribner's Sons.〔マックス・ヴェーバー，大塚久雄訳『プロテスタンティズムの倫理と資本主義の精神』岩波書店，一九八九年〕

Williams, J., "Earthquake in Rome", *The Tablet,* December 10, 2002. Online. Available HTTP: 〈http://www.thetablet.co.uk/cgi-bin/archive_db.cgi?tablet-00673〉（accessed April 24, 2004）.

Wills, G.（1990）*Under God: Religion and American Politics,* New York: Simon and Schuster.

Wilson, J. F. and Clark, W. R.（1989）*Religion: A Preface,* 2nd edn., Englewood Cliffs, NJ: Prentice Hall.

Yoder, J. H.（1972）*The Politics of Jesus,* Grand Rapids: William B. Eerdmans.〔J・H・ヨーダー、佐伯晴郎・矢口洋生訳『イエスの政治――聖書的リアリズムと現代社会倫理』新教出版社、一九九二年〕

Zawati, H. M.（2001）*Is Jihad a Just War? War, Peace, and Human Rights Under Islamic and Public International Law,* Lewiston, NY: Edwin Mellen Press.

訳者解説

本書は J. C. Super, B. K. Turley, *Religion in World History: The Persistence of Imperial Communion*, Routledge, New York, London, 2006 の翻訳である。出版の都合上、短くせざるをえなかったため、省略した部分や、抄訳になった部分もある。

原書の刊行時、著者のスーパーとターリーはいずれもウェストヴァージニア大学で教鞭をとっていたが、スーパーは二〇二〇年の段階ですでに名誉教授となっている。スーパーには *Food, Conquest, and Colonization in Sixteenth-century Spanish America*, 1988, Albuquerque: University of New Mexico Press（『一六世紀スペイン領アメリカにおける食料、征服、植民地化』一九八八年）などの著書があり、メキシコやペルーなどのラテンアメリカを対象に、食や宗教などをテーマに研究してきた。

ターリーは、大学のホームページによれば、合衆国南部の宗教と文化や、近代ヨーロッパ、キリスト教やキリスト教思想の歴史を専門とする。ヴァージニア大学で学位を取り、また、ウェスリーのメソディストに起源をもつナザレン教会の神学修士も得ている。人々への聞き取り調査を行うなど、社会史にも関心を向けており、現在は、合衆国の市民宗教や、一九〇〇年以後のウェストヴァージニア南部の炭田地域におけるシナゴーグの増加について調査している。

両者の研究テーマからは、本書が特に具体的に取り上げている地域やテーマが浮き上がってくる。地域としては、南北アメリカでの事例が詳しい。中南米地域の事例も多く扱い、キリスト教以前の先住民の宗教にも目を向けている。先住民の宗教がヨーロッパ人の征服後も生き続け、ときにキリスト教と融合し、また、新たな教会として組織されるなど、宗教の変容の事例も取り上げている。公式の宗教と非公式の宗教という分析概念を用いながらも、ペニテンテの例をあげて、その境界が不明確であることを示している。アメリカ先住民教会の例からは、先住民が、キリスト教の用語や儀式を流用しながら、自分たちの公式の組織を作る事例を示している。既成のキリスト教についても、中南米での「解放の神学」をめぐるカトリック内部の動きや、米国聖公会での同性愛者の主教の任命とそれをめぐる他の教会の反応について取り上げるなど、近年の動向にも目配りが利いている。

諸宗教のなかではユダヤ教とキリスト教の事例が最も詳しい。キリスト教ではローマ・カトリックやプロテスタントの数々の宗派も扱っている。イスラム教についてもある程度目配りし、これらの宗教から派生した比較的新しい宗教・教会にも目を向けている。末日聖徒イエス・キリスト教会（モルモン教）やバハーイー教など、異端やセクトなどとレッテルを貼られてときに迫害を受けながらも拡大してきた宗教も既成の宗教と並べて扱い、その成立と発展や聖典などについても検討している。人民寺院や「神の十戒復古運動」や「天国の門」など、痛ましい結果をもたらした新宗教も取り上げる。「いずれの改革運動のドラマも、最後まで演じられなければ、誰が聖なる改革者であり、誰が罪のある異端者なのかは決められない」という第九章の著者の言葉からは、諸宗教や聖典が、生成、変化、消滅を繰り返す歴史的形成物であるという視点がうかがえる。

本書のタイトルは『宗教の世界史』としたが、原題は『世界史のなかの宗教』である。原題からもわかるとおり、本書は宗教全般あるいは諸宗教がたどってきた歴史を全体として時間軸に沿って論じるものではなく、各章をテーマ別に設定している。第一章から第四章までは、宗教に関する概念や分析方法、諸宗教の概要、教典、聖地など、宗教を検討する際に基本となる概念や宗教の構成要素をテーマに据え、ときに宗教ごとにそれを検討するかたちになっている。第五章から第七章までは、政治あるいは国家との関係をテーマに据えている。第五章では、政治権力と結びつくか、あるいは並行して拡大する事例を、第六章では、逆に政治権力との敵対、つまり抵抗や反乱あるいは抑圧の事例を取り上げている。第七章では、戦争あるいは平和構築と宗教との関係を扱っている。第八章では、社会問題への関与という視点から諸宗教を検討している。第九章では、聖者をテーマとして、ある宗教集団や人々や他の集団からみた際の善と悪という問題を扱っている。そして第一〇章では、建築、絵画、彫刻、音楽などの芸術との関係を検討している。特に後半の第五章以降のテーマ設定は本書に独自の視角であり興味深い。このように宗教を主体として書くことにより、国民や国家の発展の枠組みとは別の次元での歴史の展開が示されている。

様々なテーマを取り上げるなかで著者が一貫して注目しているのが、それぞれの宗教が提示する、そしてその信者が抱く究極的なものへの関心である。宗教は二面性をもつ。それは人を善へと動かすだけでなく、他者からみると悪であるものへも動かしうるし、そのために死ぬことさえ肯定する場合もある。著者は、自分が理解できないものであっても、そのような他者の究極的関心を理解しようとすることの必要性を強調する。そして、たいていの宗教のなかにはそれぞれの方法で平和を構築する方法が歴史的につくられてきたことに注目して、そこに今後の世界での役割を期待している。しかしながら、神学も歴史的状況によって変化する。著者は、究極的なものとの関わり方や現実の状況への宗教の関わりが歴史的に形成されてきたという面にも目を向ける。都市化や工業化に対応して現れた活動や、近年のエコ神学にも言及し、社会正義の推進における宗教の役割も重視している。

「はじめに」で断っているように、著者は宗教が歴史のなかにどう現れるのかに関心を向けて本書を記している。著者によれば、宗教は帆船のようなものであり、過去のページの間を前進したり後退したりするという。個々の宗教集団や信仰の表現については時間に沿った変容を描こうとし、ある特定の宗教の信者全体に共通するような心理などは存在しないと断言する。だが、抽象的な宗教あるいは信仰心と呼べるものについては本質的にとらえ、それが各地域や時代により多様なかたちで表出すると考えているようである。そのため、近代の世俗化、世俗主義については一過性の現象ととらえ、叙述のなかでも重きをおいていない。ファシズムと共産主義も、近現代の一過性の政治イデオロギーとみる。宗教という概念について、著者とは異なる見方として、それ自体の歴史性や地域性を問い相対化を試みる議論がなされていることもあげておこう。たとえばタラル・アサド『宗教の系譜——キリスト教とイスラムにおける権力の根拠と訓練』（中村佳志訳、岩波書店、二〇〇四年）などが参考になるだろう。世界史における宗教の位置づけを考えるために、マイケル・マンの『ソーシャルパワー：社会的な〈力〉の世界歴史I――先史からヨーロッパ文明の形成へ』（森本醇・君塚直隆訳、NTT出版、二〇〇二年）もあげておこう。マンは、人間社会の歴史を社会的な〈力〉の発展過程として論じた。社会的な〈力〉を四つの源泉に分類し、宗教は、その一つであるイデオロギー的な〈力〉の一種として扱っている。

日本の読者は特に神道や仏教についての記述に違和感を感じるかもしれない。本書は全般にインド以東の多神教世界についての検討が手薄なように思われる。インドの宗教に関しても、一元論のヒンドゥー教とひと括りにして、ブラフマンを中心とした一神教であるかのように記している箇所もあるが、そもそもヒンドゥー教という概念自体が近代のイギリスによる産物であることは第二章の訳注に記した。ユダヤ教やキリスト教についてはその内部での変容や分離について多様な事例が提示されているが、神道については原始宗教の一種が近代にまで生き残った特殊な事例としてとらえられている。本書では、個々の記述の典拠が記されておらず、何を参考に記したのか不明な箇所が多い。そのため、内容に疑問をもったがあえて手を加えずに訳出した箇所もある。神道でも特に国家神道については、例えば山口輝臣編『戦後史のなかの「国家神道」』（山川出版社、二〇一八年）が研究の歴史を多方面から論じ、かつ多くの資料も掲載している。吉川弘文館の「日本宗教史」シリーズ（二〇二〇年～）では、宗教の融合と分離や受容と交流がテーマとして取り上げられている。この点では著者が他宗教では注目している宗教の分離や変容の文脈での比較も可能であろう。本書のような英語圏での概説書の内容を目にすると、日本での近年の議論を国外に向けて発信する必要性もみえてくる。

本書の副題にある「帝国的な聖なる交わり」は *imperial communion* の訳である。コミュニオンはギリシア語、ラテン語に由来し、「交わり、わかちあうこと、共有」などを意味し、そこからキリスト教で、聖別されたパンやぶどう酒などを信者がともに食することを指すようになった。著者は、「はじめに」にあるように、国境や階層を超えた広い範囲にわたる、超越的なものと人との交わりという意味でこの語を用いている。本文中でこれ以上詳しく論じられているわけではないが、宗教を言い換えてこう表現しているようである。神との交わりや信者間の交わりを重視するキリスト教的な宗教のとらえ方がここにも示されているように思われる。

第二章の訳注で記したように、コミュニオンの訳は宗派により異なる。特にキリスト教用語ではこのように宗派により訳が異なる場合も多く、それぞれの宗派についての記述では、各派の用語法に従うように努めた。宗派横断的な記述の場合には、英語の読み方で記した場合もある。実際のところ、言葉だけではなく概念自体も宗派によって異なり、それはキリスト教の宗派に限ったことではない。それでもなお著者は一つの単語で宗派・宗教横断的に論じようと試みているので、訳者もその点を尊重してできるだけ同じ単語をあててみたが、宗教や地域や時代などの文脈によって訳し分けた場合もある。そのため、著者の分析がみえにくくなっている点もあるかもしれないと心配している。

引用箇所に関して、日本語訳のあるものは適宜参照したが、本書での文脈や、あるいは原典に合わせて変更を加えたものもある。原典を確かめることができず、その日本語訳とかなり異なる場合には注に記した。直接引用ではない記述についてもできるだけ出典を探したが、手がかりがなく調べきれなかった箇所も多い。

繰り返し引用されている聖典の訳で参考にしたものをあげておく。『聖書』については、岩波書店の旧約聖書翻訳委員会ならびに新約聖書翻訳委員会によるものと、日本聖書協会の共同訳をおもに参照した。『クルアーン』は主として中田考監修のものを使用し、『モルモン書』は末日聖徒イエス・キリスト教会のホームページに掲載されているものを参考にした。

その他、各宗教についての事典や概説書、山川出版社の「宗教の世界史」シリーズなども参考にした。また、本書の訳出にあたっては多くの方々にお世話になった。それでもなお、本書の内容の広さについていけず、誤りも多いのではないかと不安である。あらかじめお詫びするとともに、お気づきの点はご教授いただければ幸いである。

最後になったが、翻訳に協力してくださった方々、いつまでも進まない翻訳作業に辛抱強くつきあってくださったミネルヴァ書房の岡崎麻優子さんに、この場をお借りして深い感謝を申し述べたい。

二〇二二年一〇月

渡 邊 昭 子

索　引

（＊は人名）

あ　行

か　行

さ　行

た　行

な　行

は　行

ま　行

や　行

ら・わ　行

《訳者紹介》

渡邊昭子（わたなべ・あきこ）

1967年　生まれ。

1997年　一橋大学大学院社会学研究科博士後期課程単位修得退学。

現　在　大阪教育大学教育学部教授。

主　著　「19世紀後半のハンガリーにおける教会共同体と政治――ツェグレード，カルヴァン派の事例から」『東欧史研究』23号，2001年。

パトリック・マニング『世界史をナビゲートする』（南塚信吾・渡邊昭子監訳）彩流社，2016年。

「改宗者は教会に何を求めたのか――18世紀後半のエゲル司教座の「改宗」文書から」『歴史研究』58号，2021年。

ミネルヴァ世界史〈翻訳〉ライブラリー③

宗教の世界史

2022年12月30日　初版第1刷発行　〈検印省略〉

定価はカバーに
表示しています

訳　者　渡　邊　昭　子

発行者　杉　田　啓　三

印刷者　江　戸　孝　典

発行所　株式会社　ミネルヴァ書房

607-8494 京都市山科区日ノ岡堤谷町1
電話代表（075）581-5191
振替口座 01020-0-8076

共同印刷工業・新生製本

ISBN978-4-623-09424-0

Printed in Japan